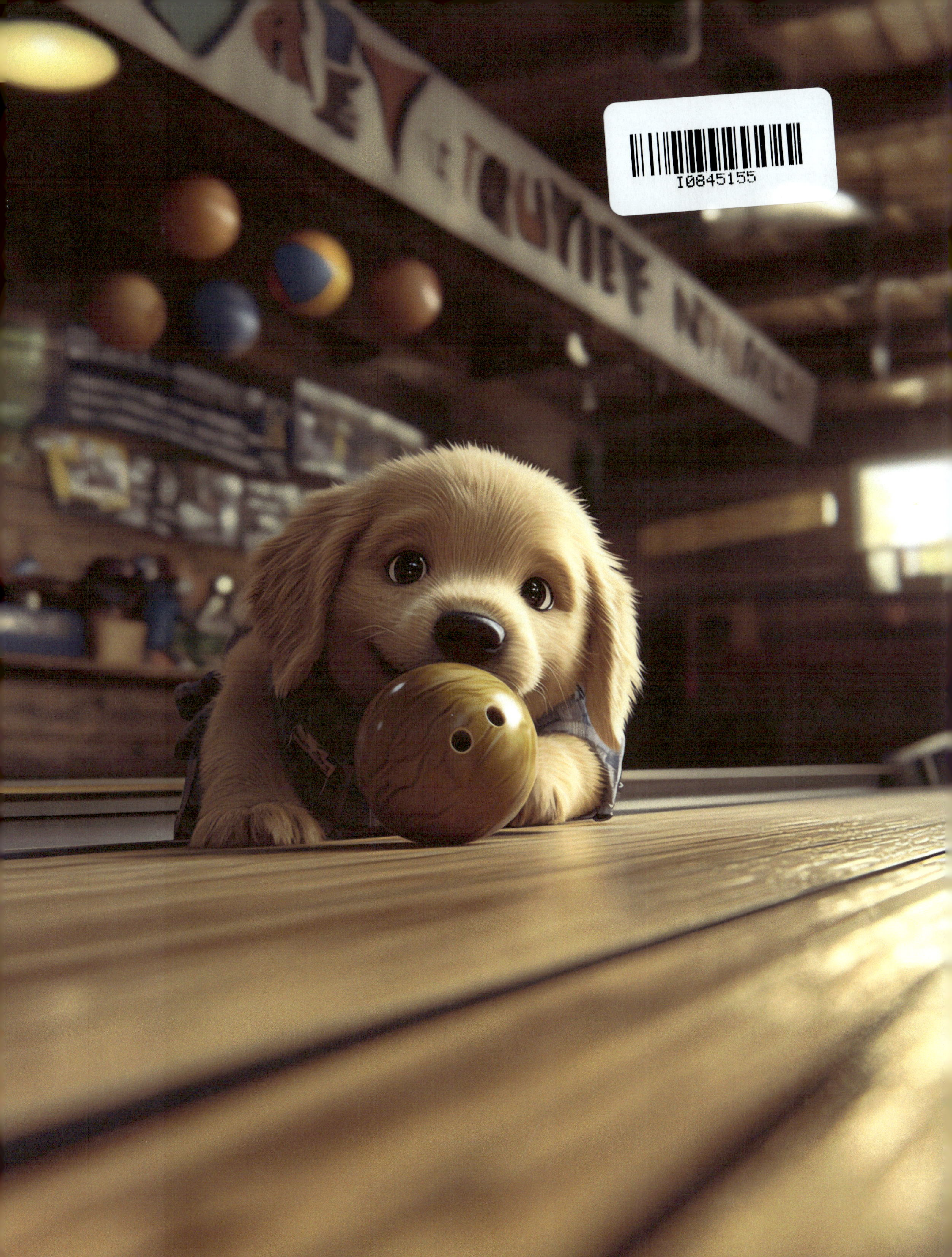
I0845155

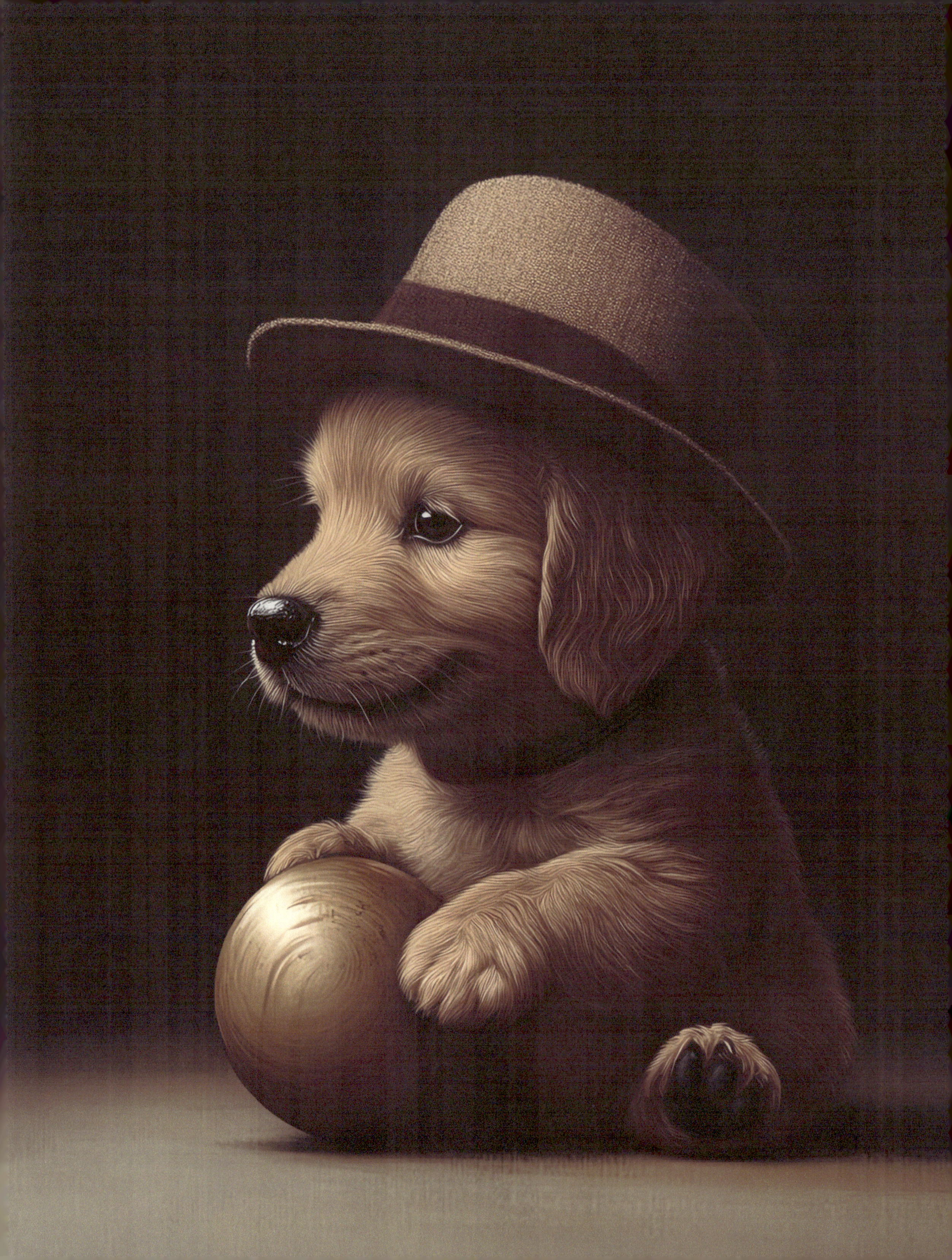

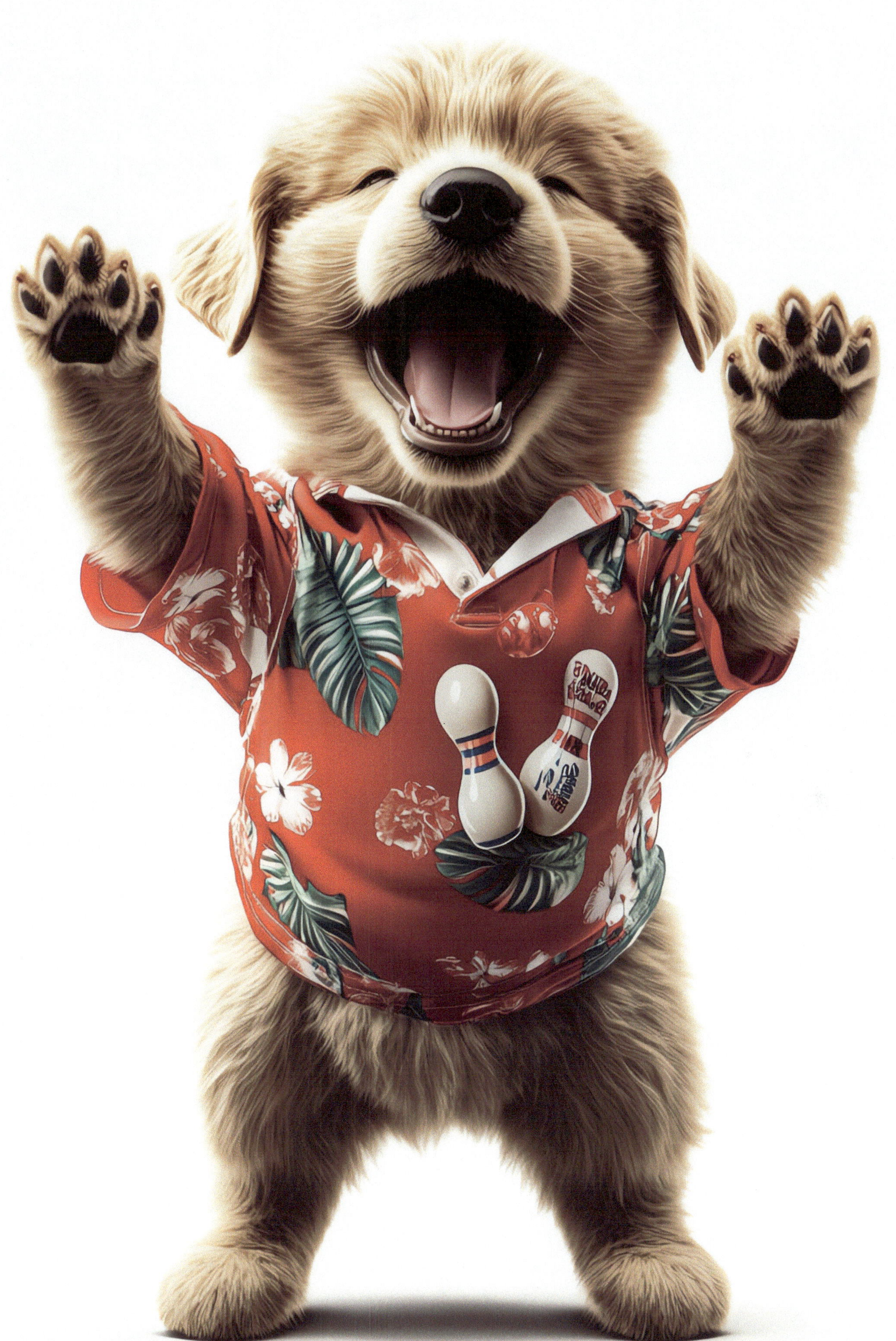

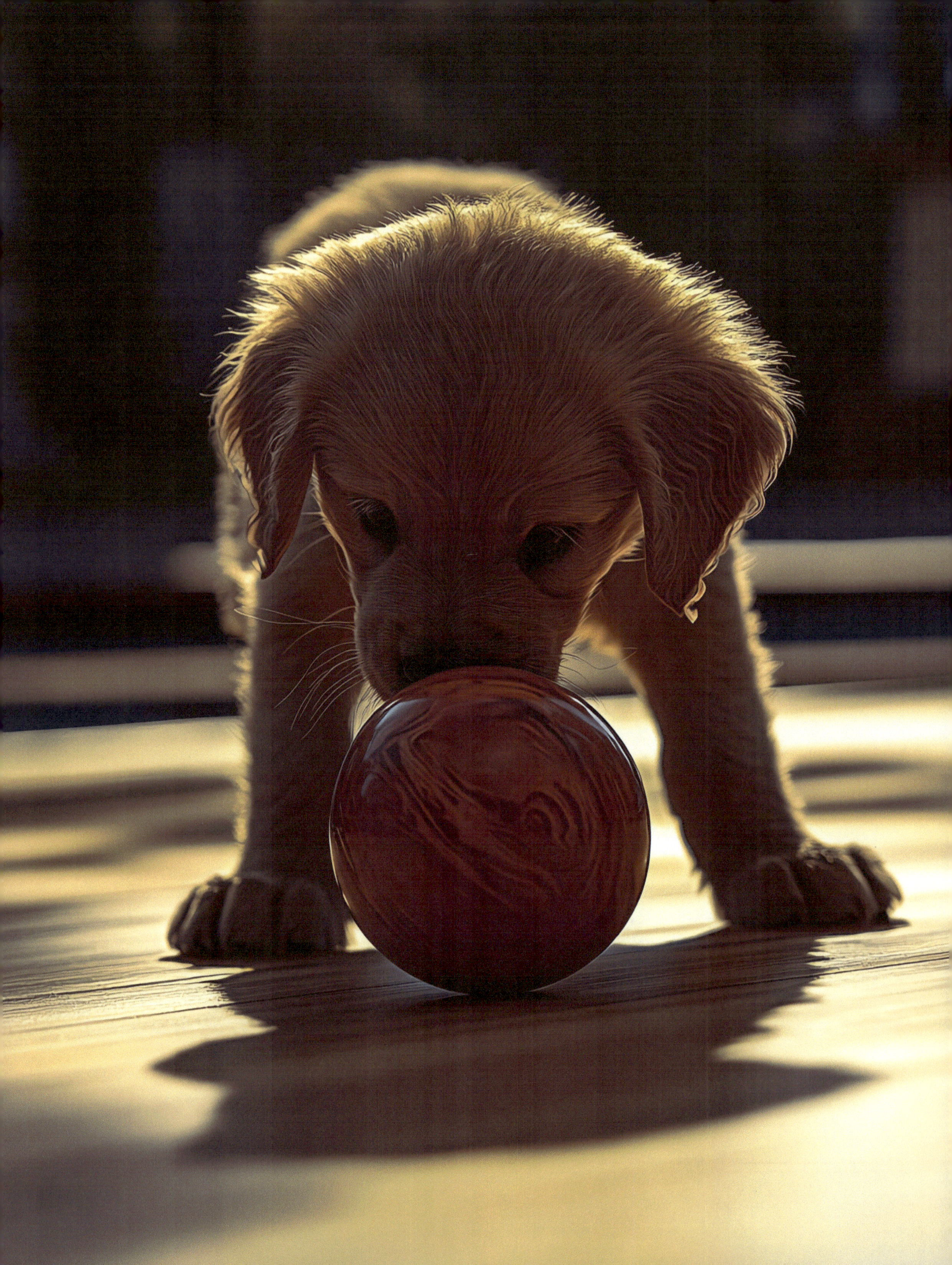

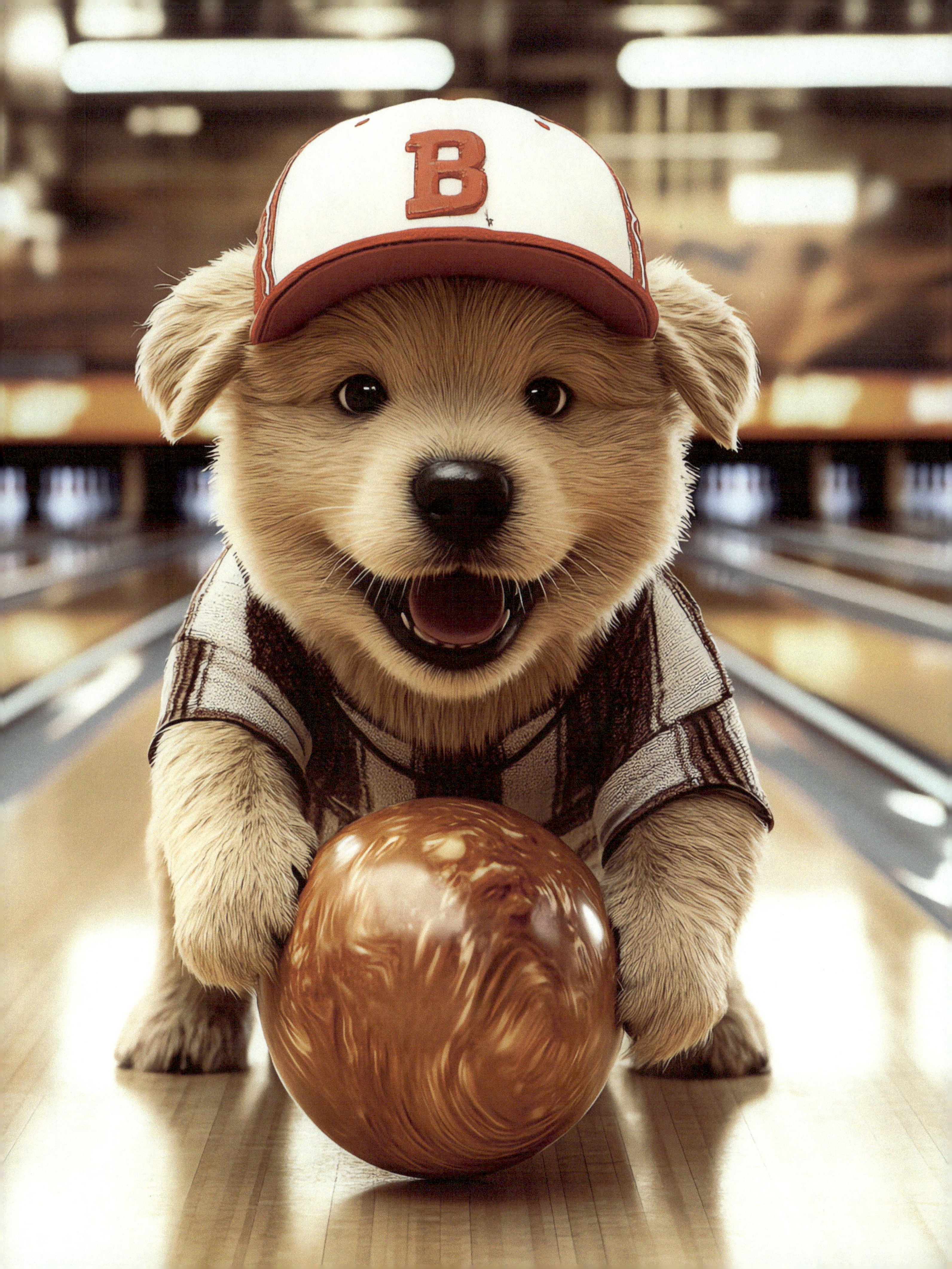

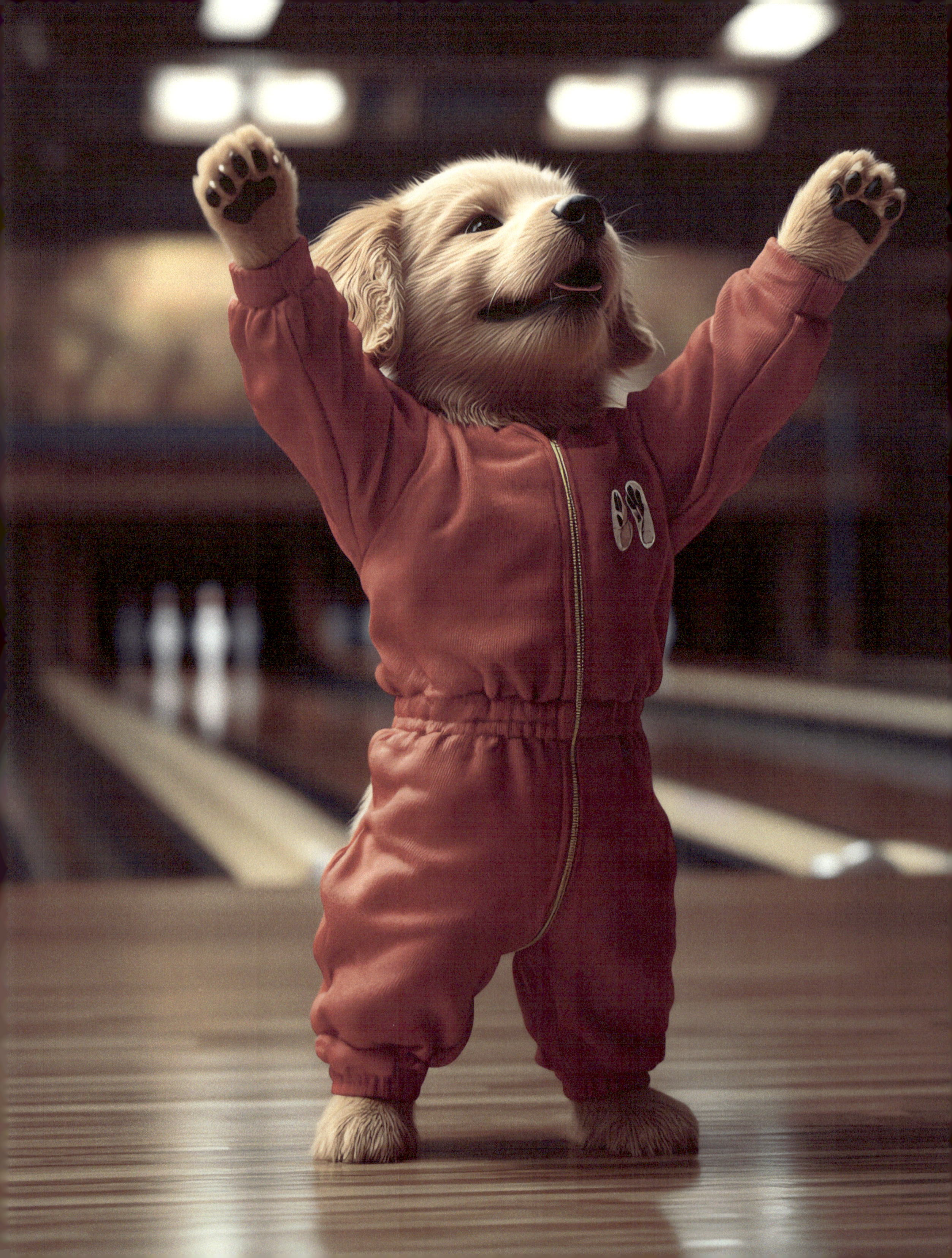

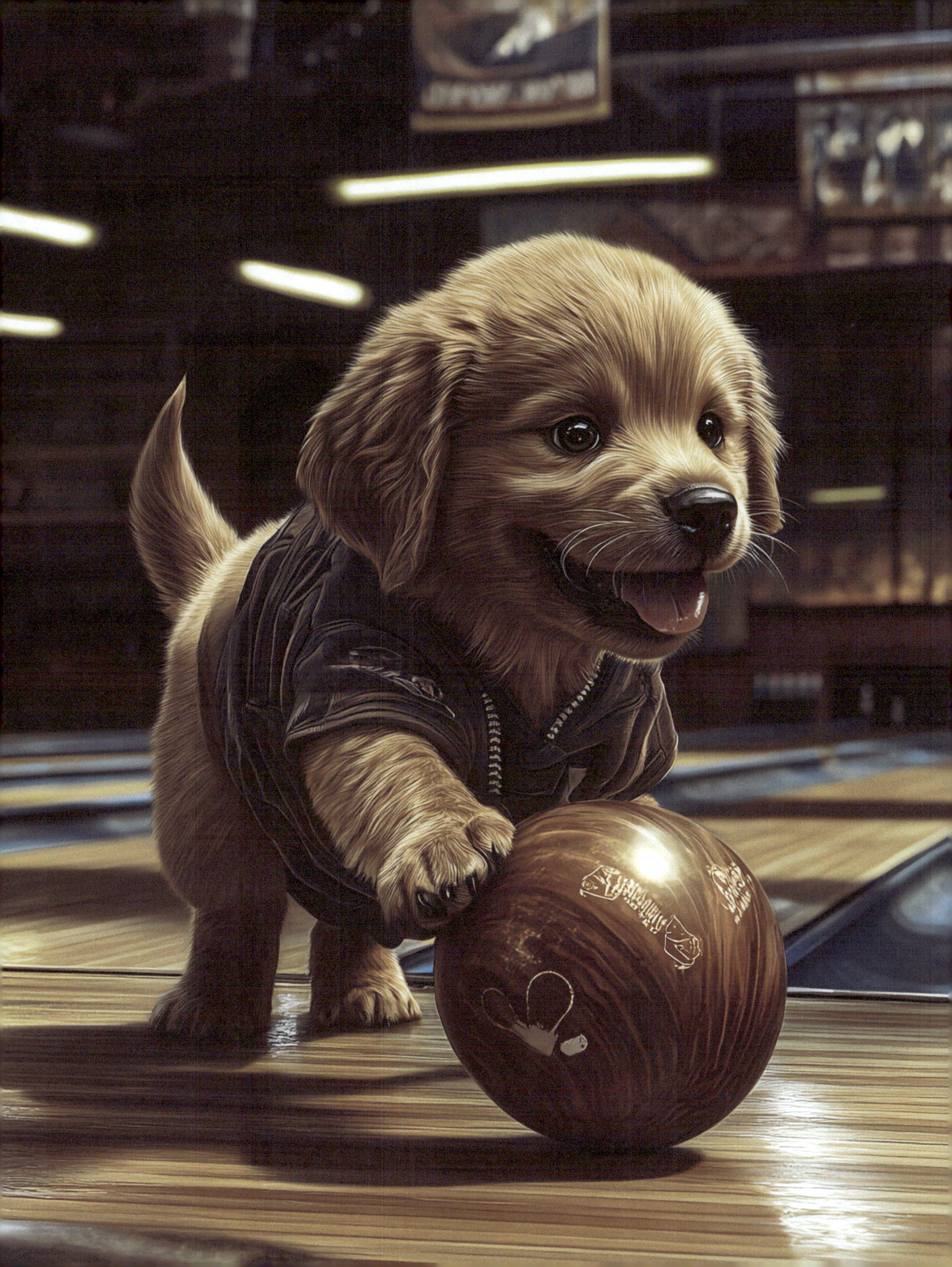

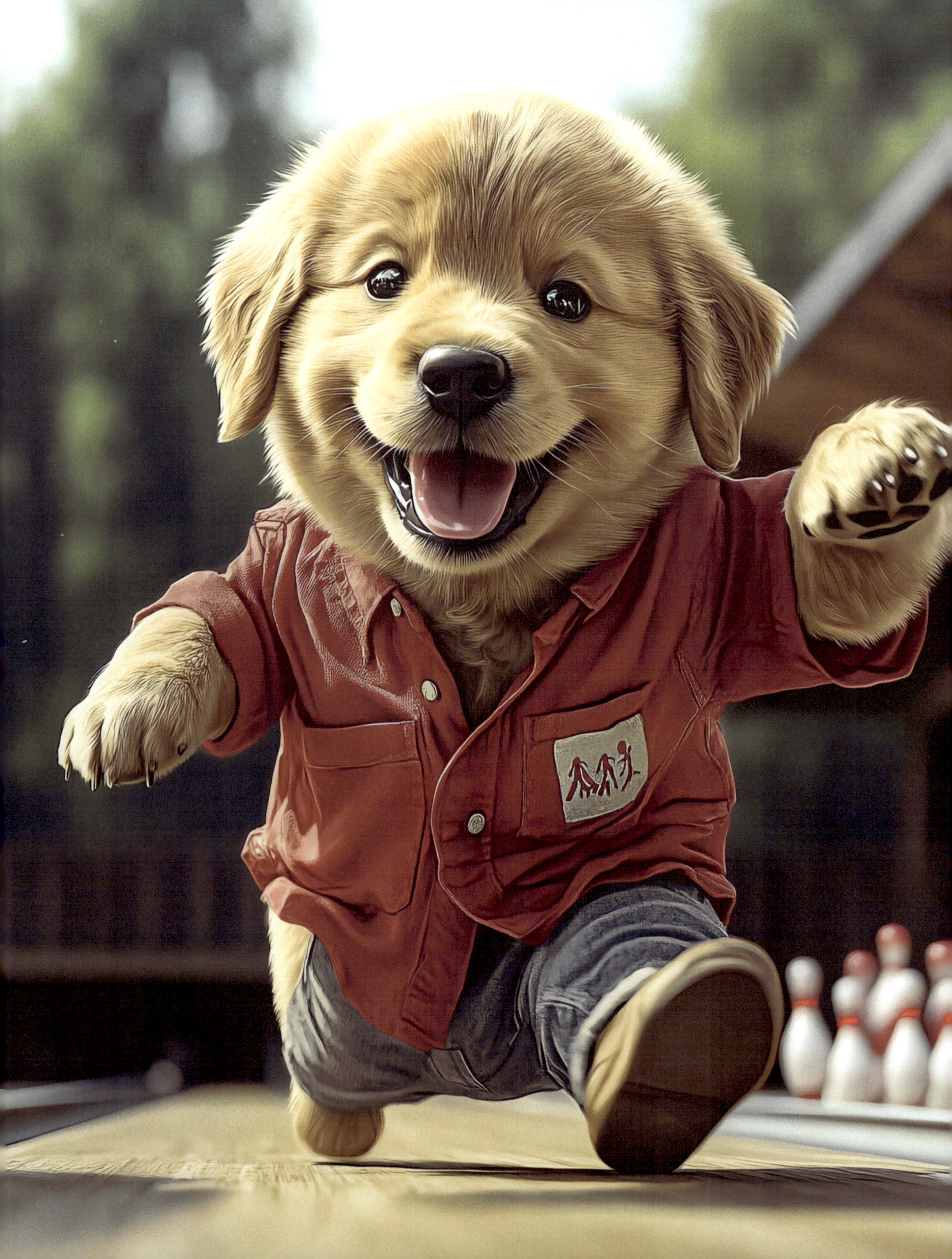

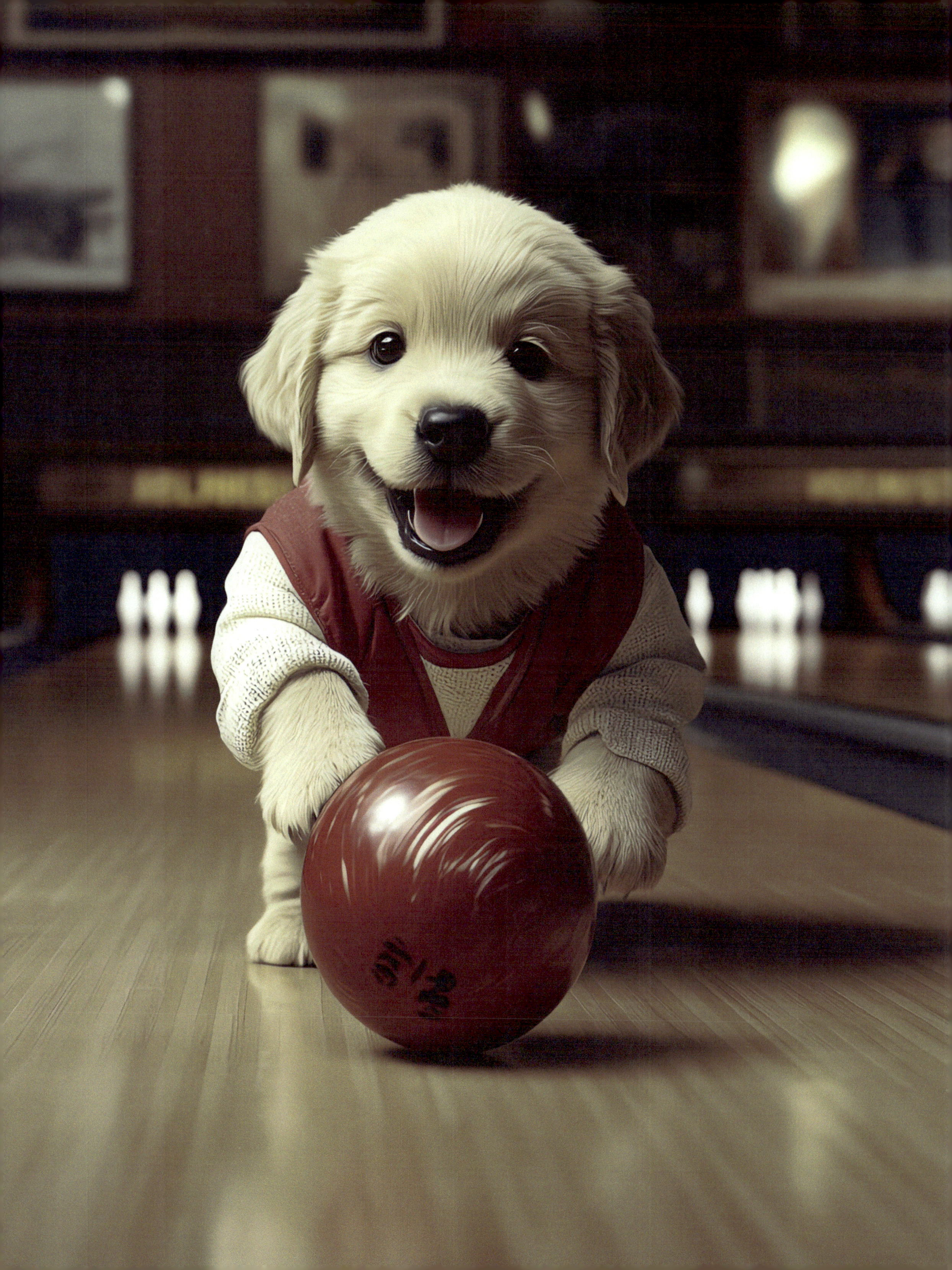

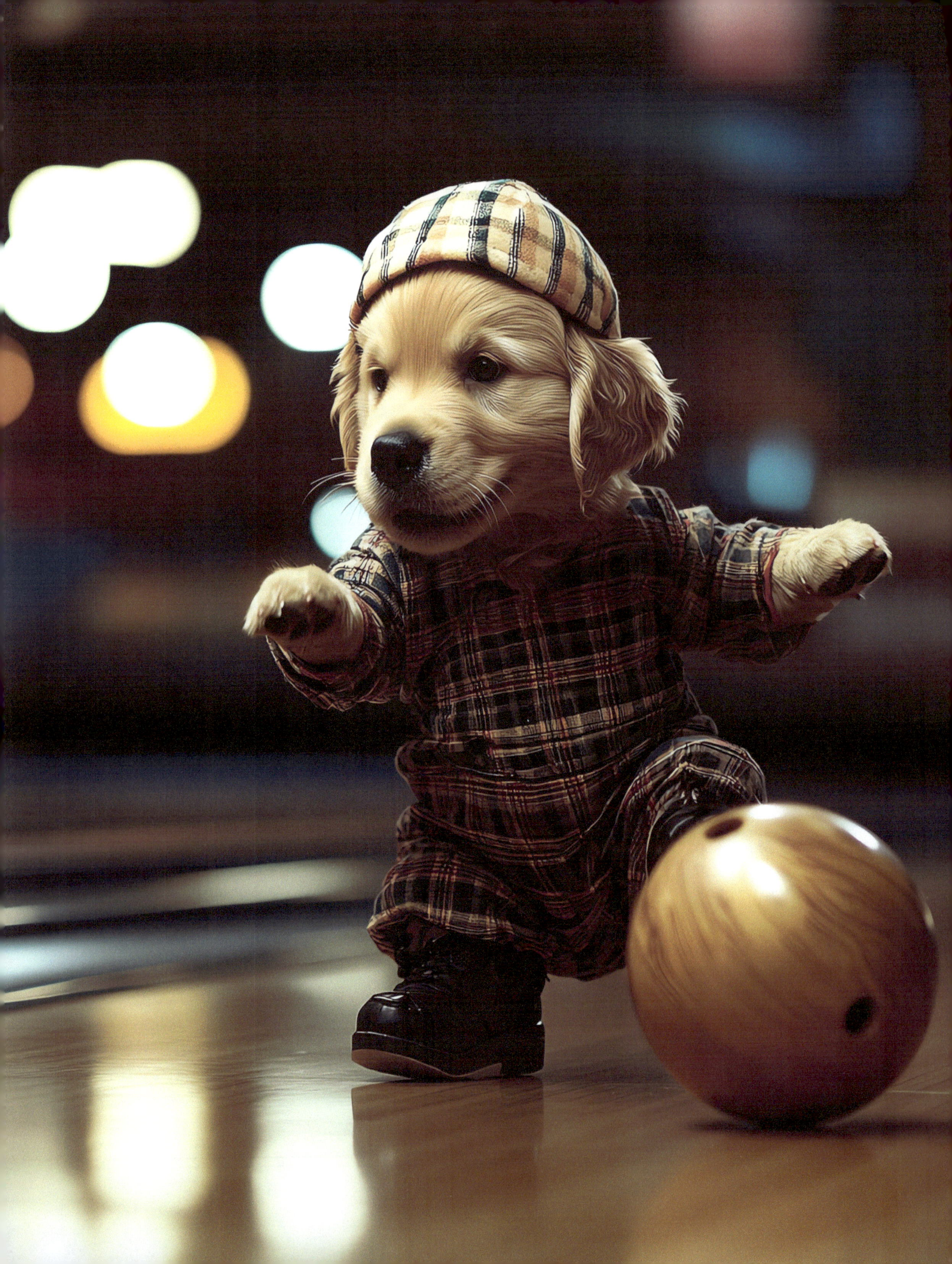

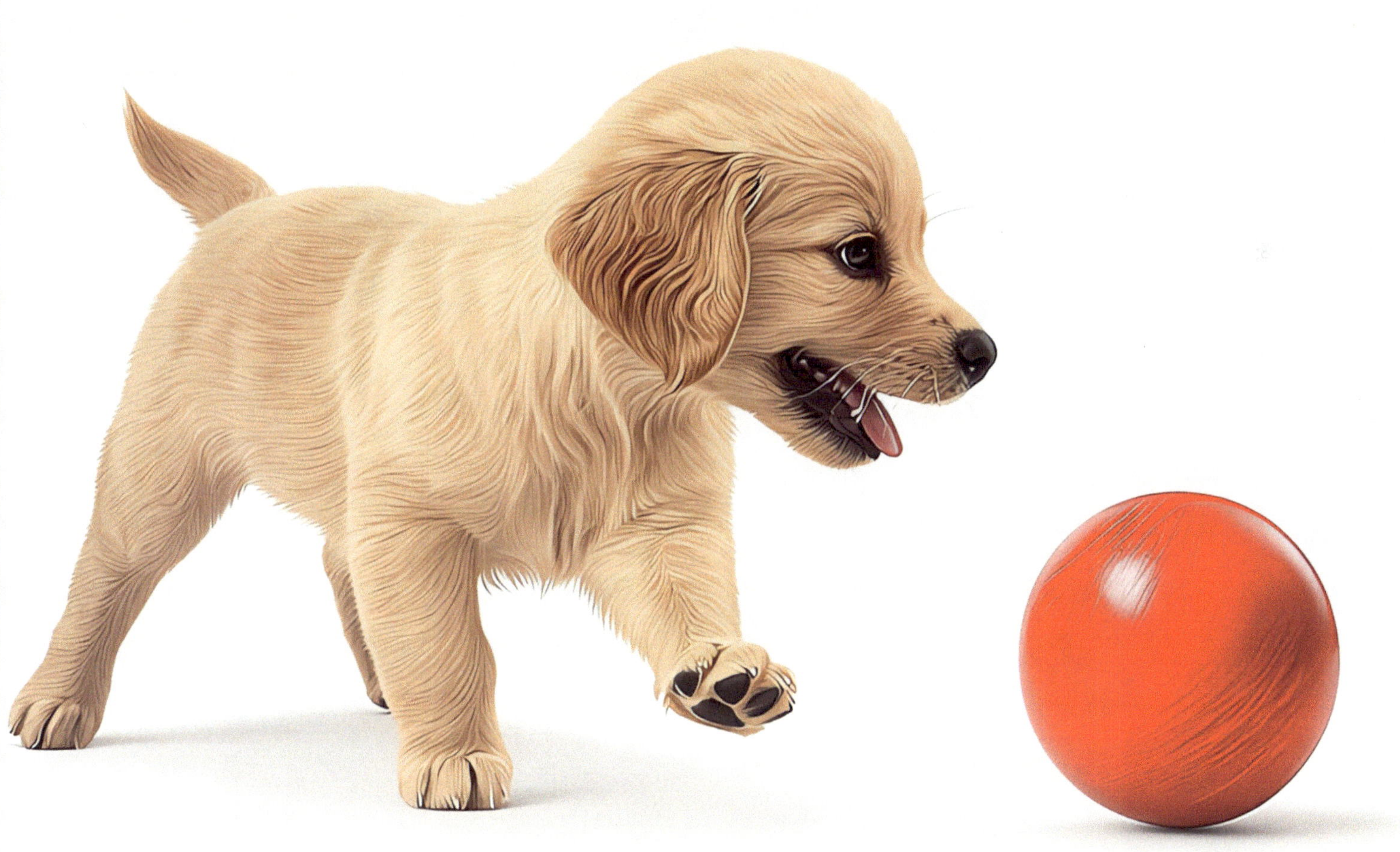

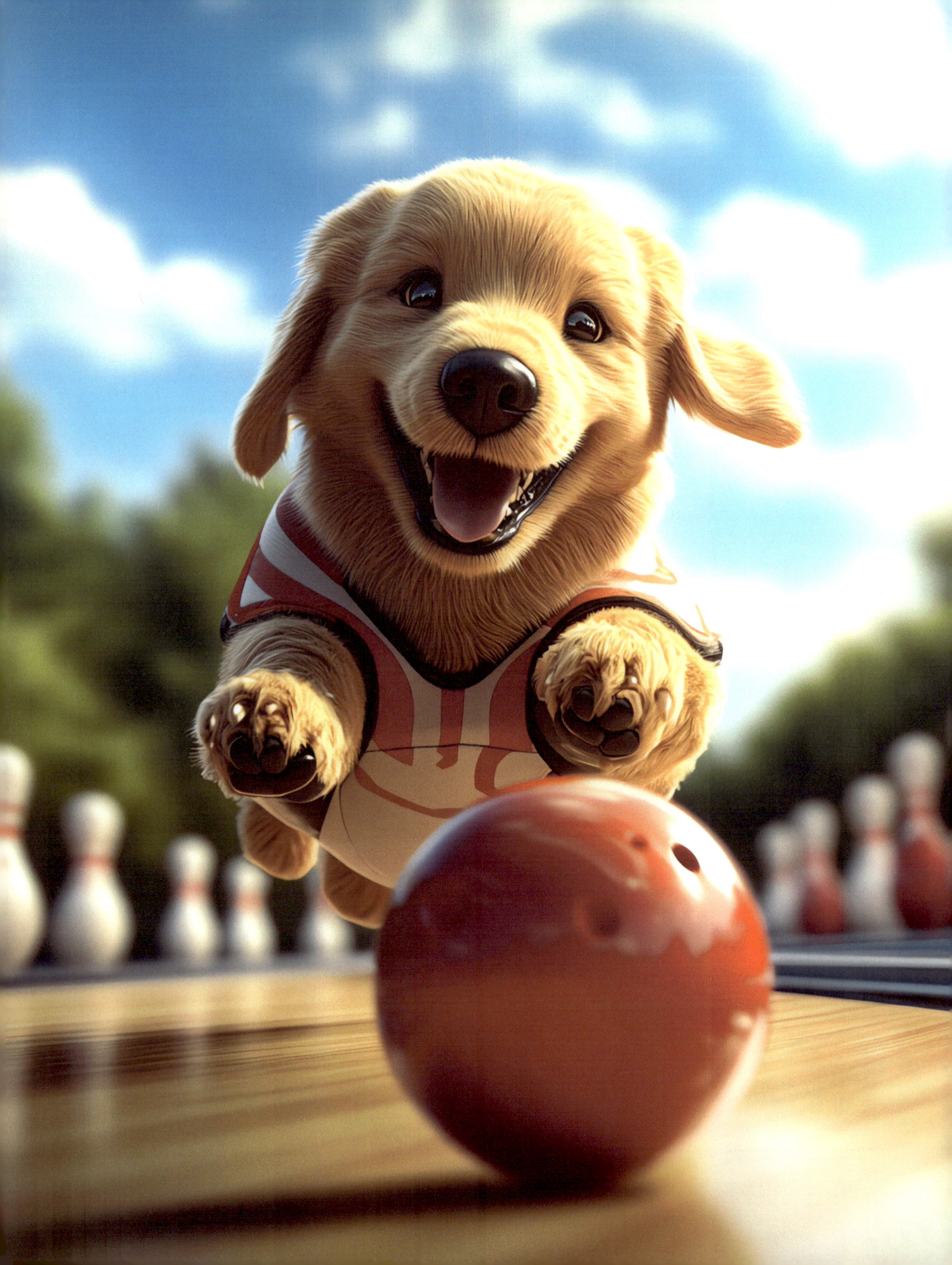

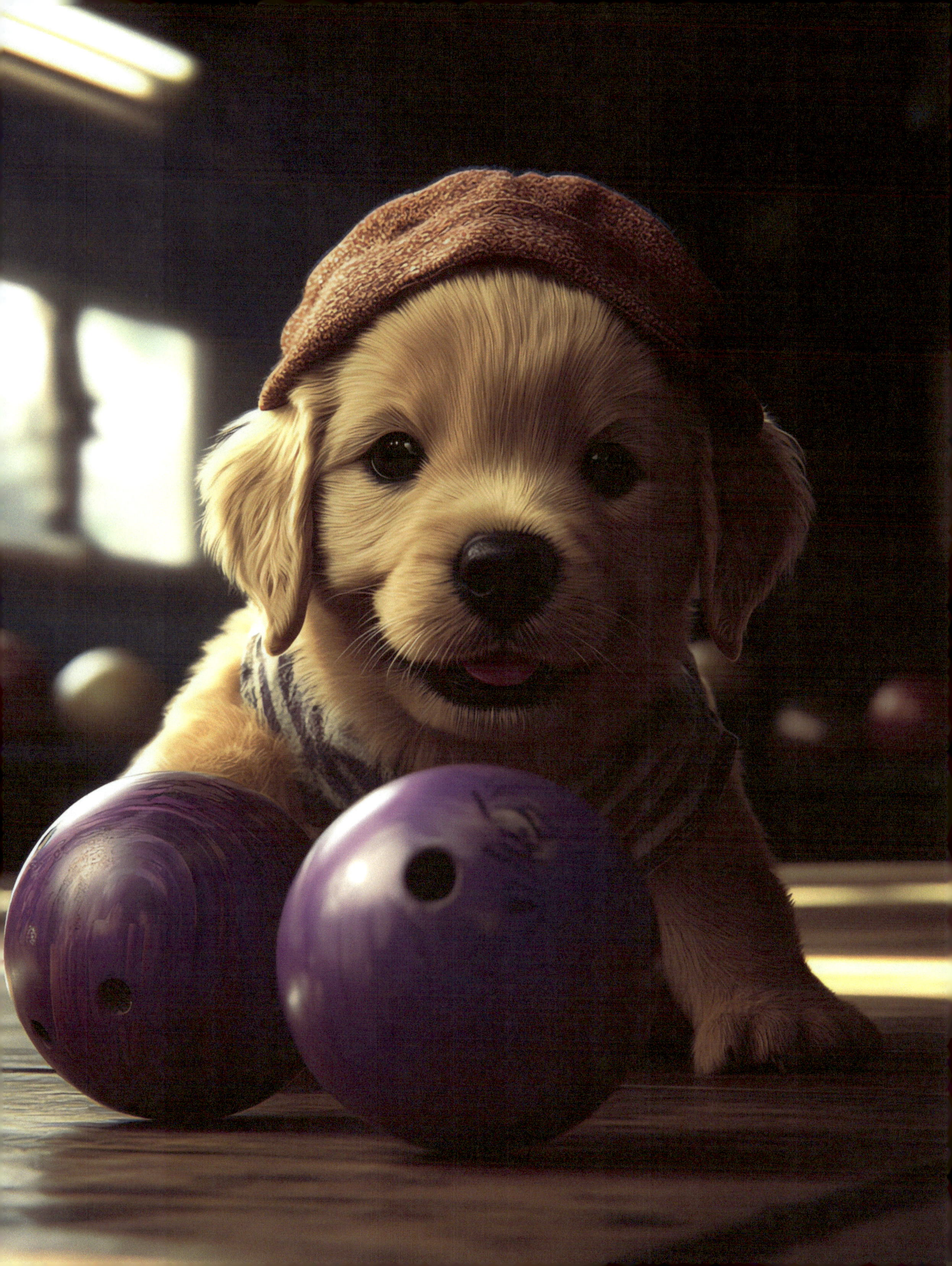

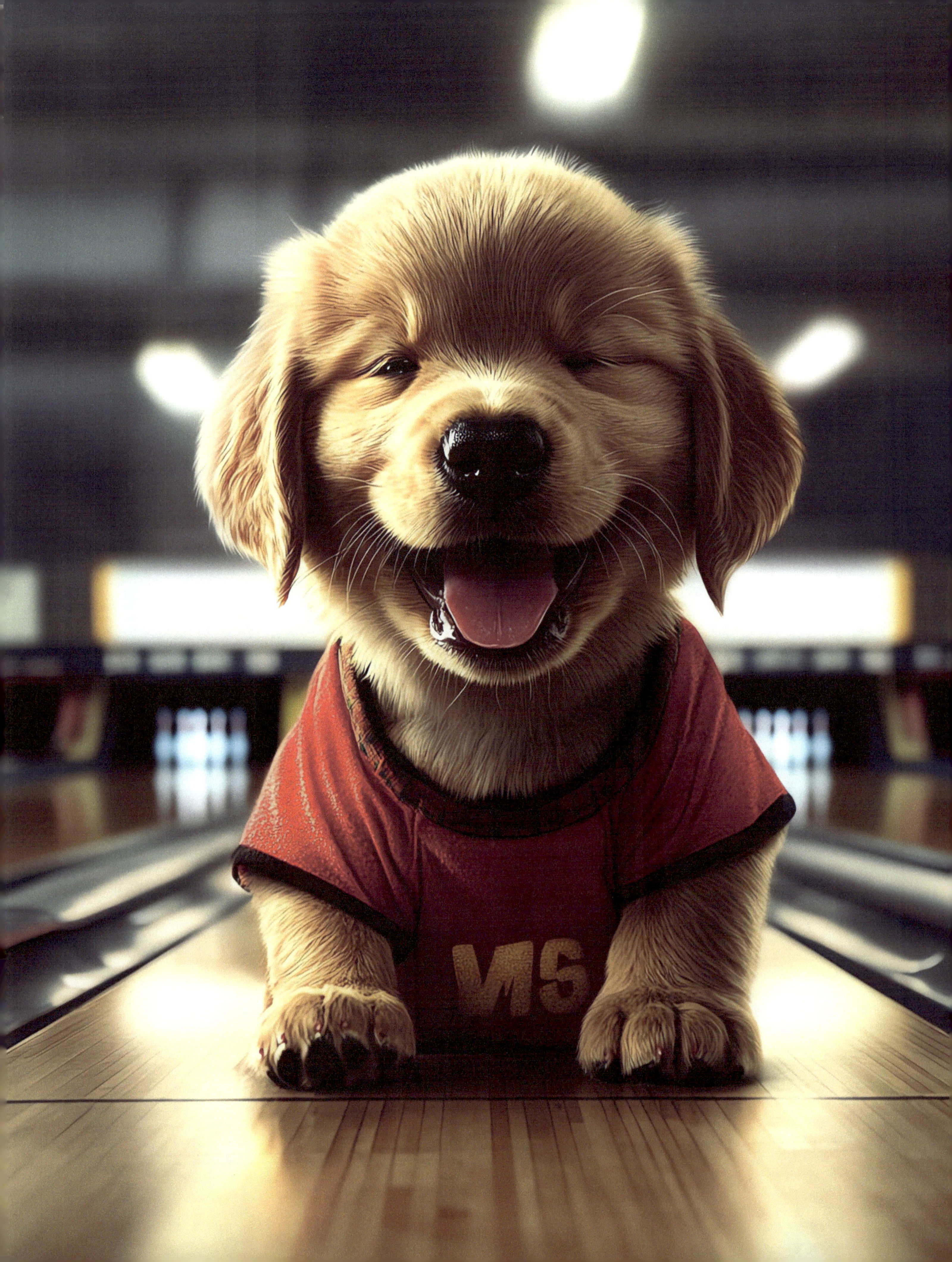
VS

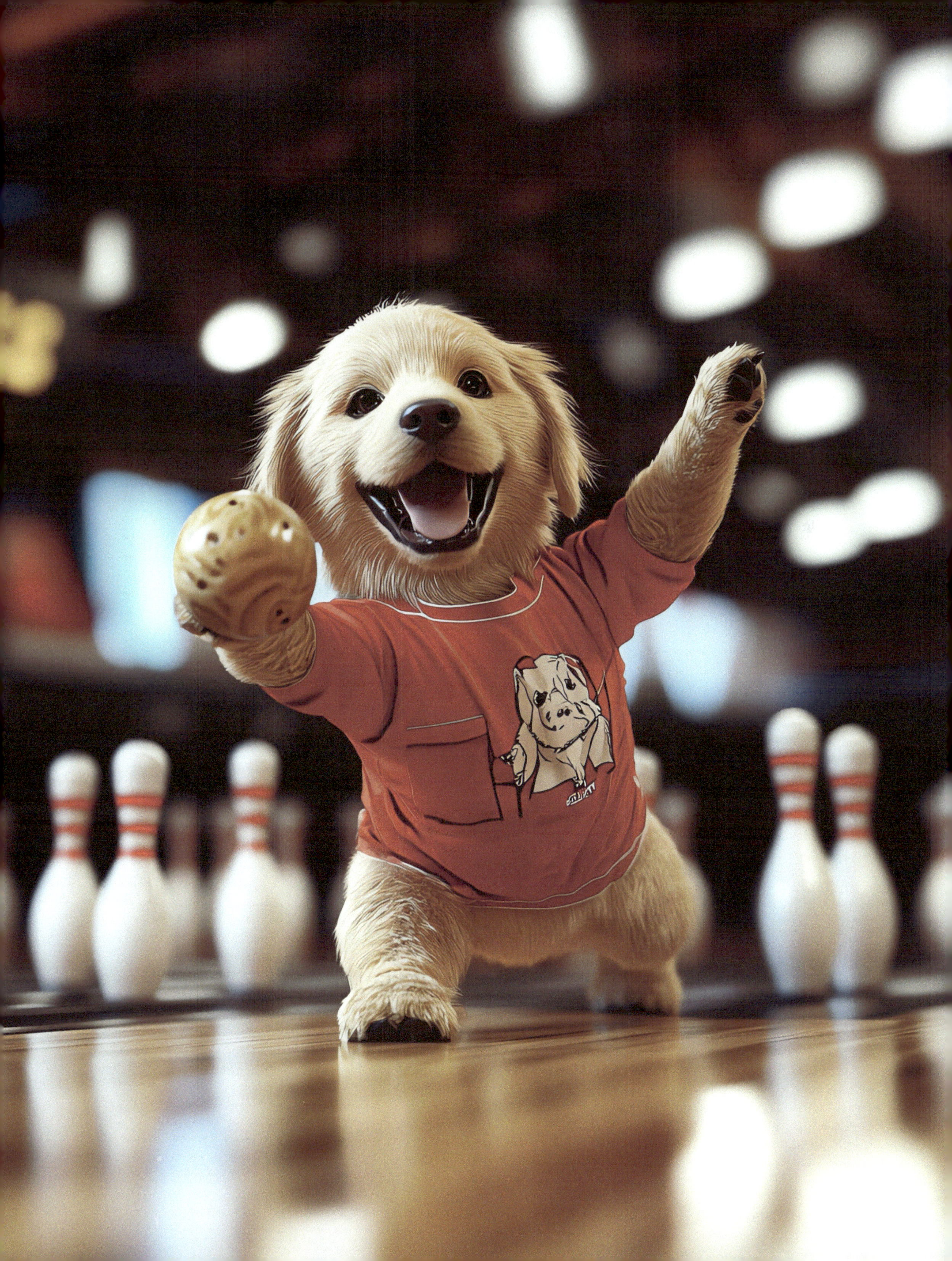

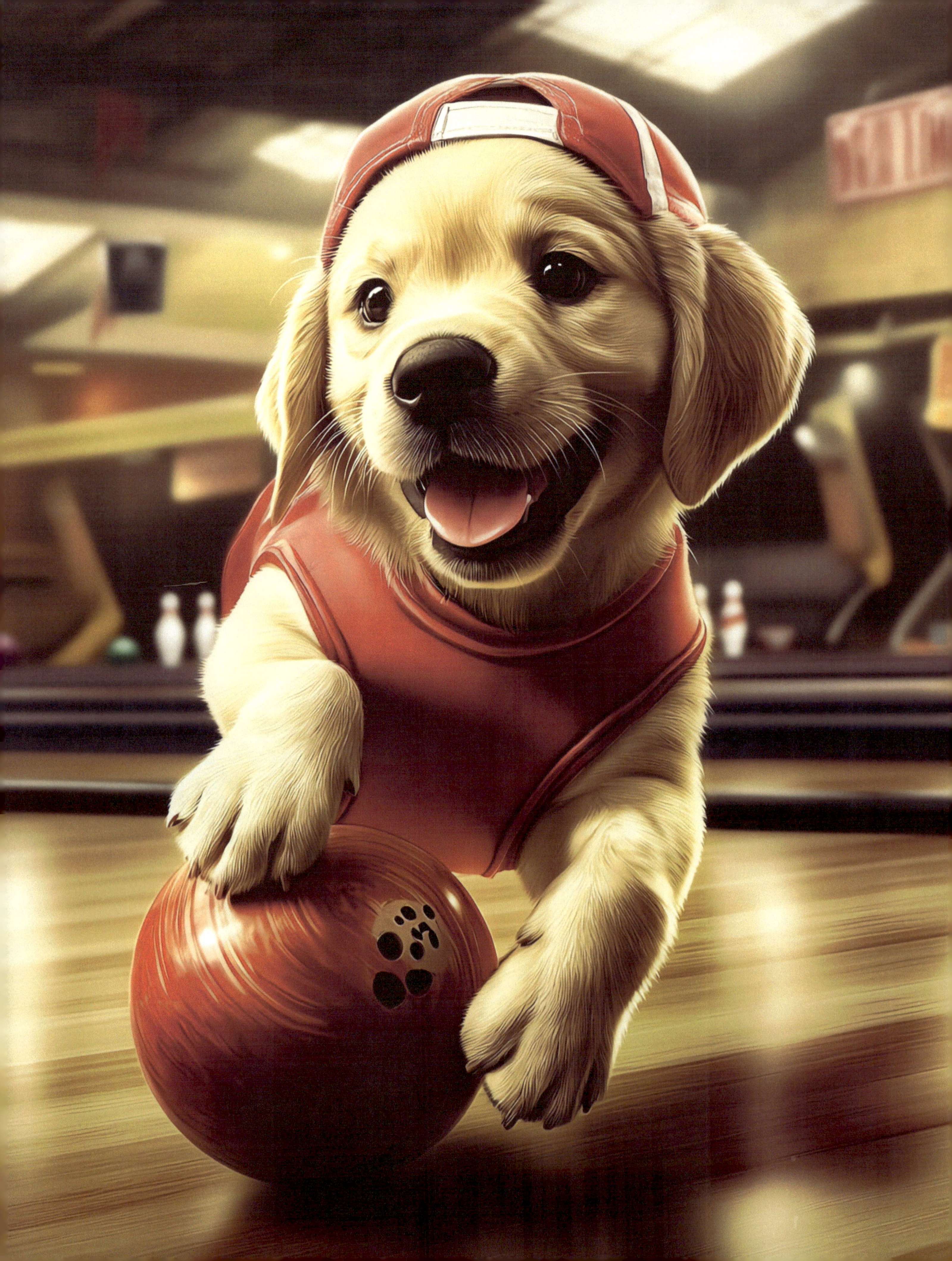

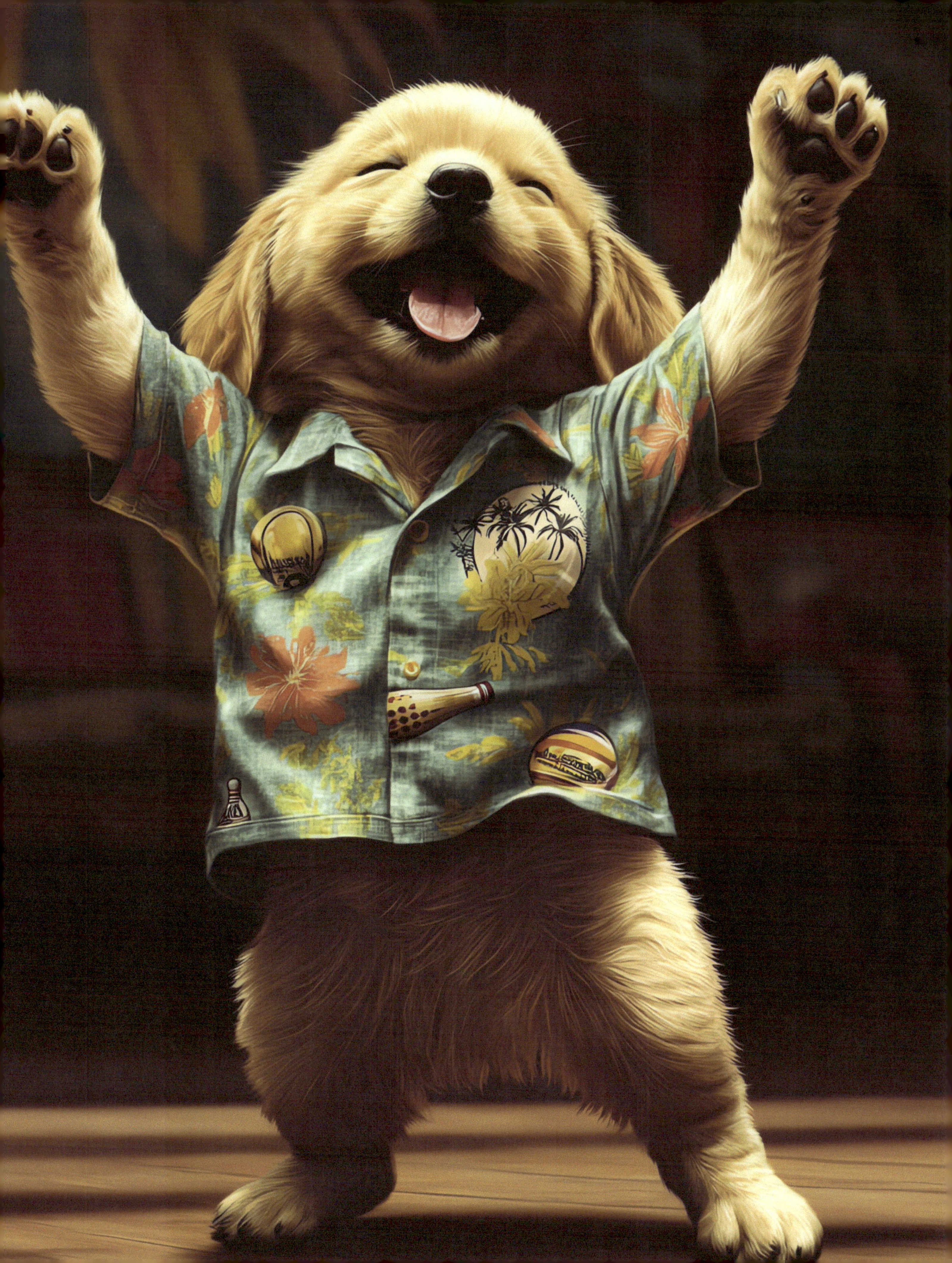

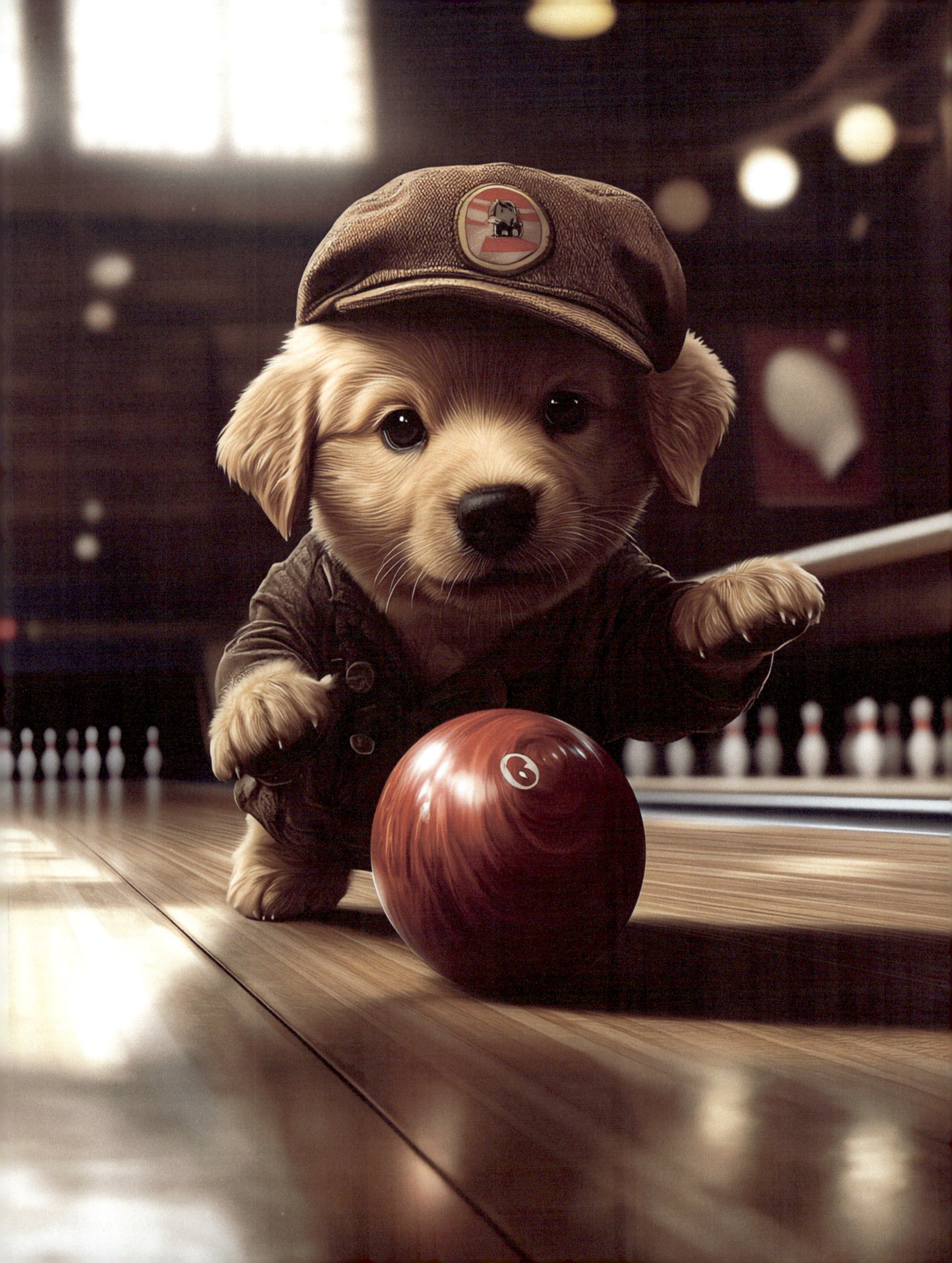

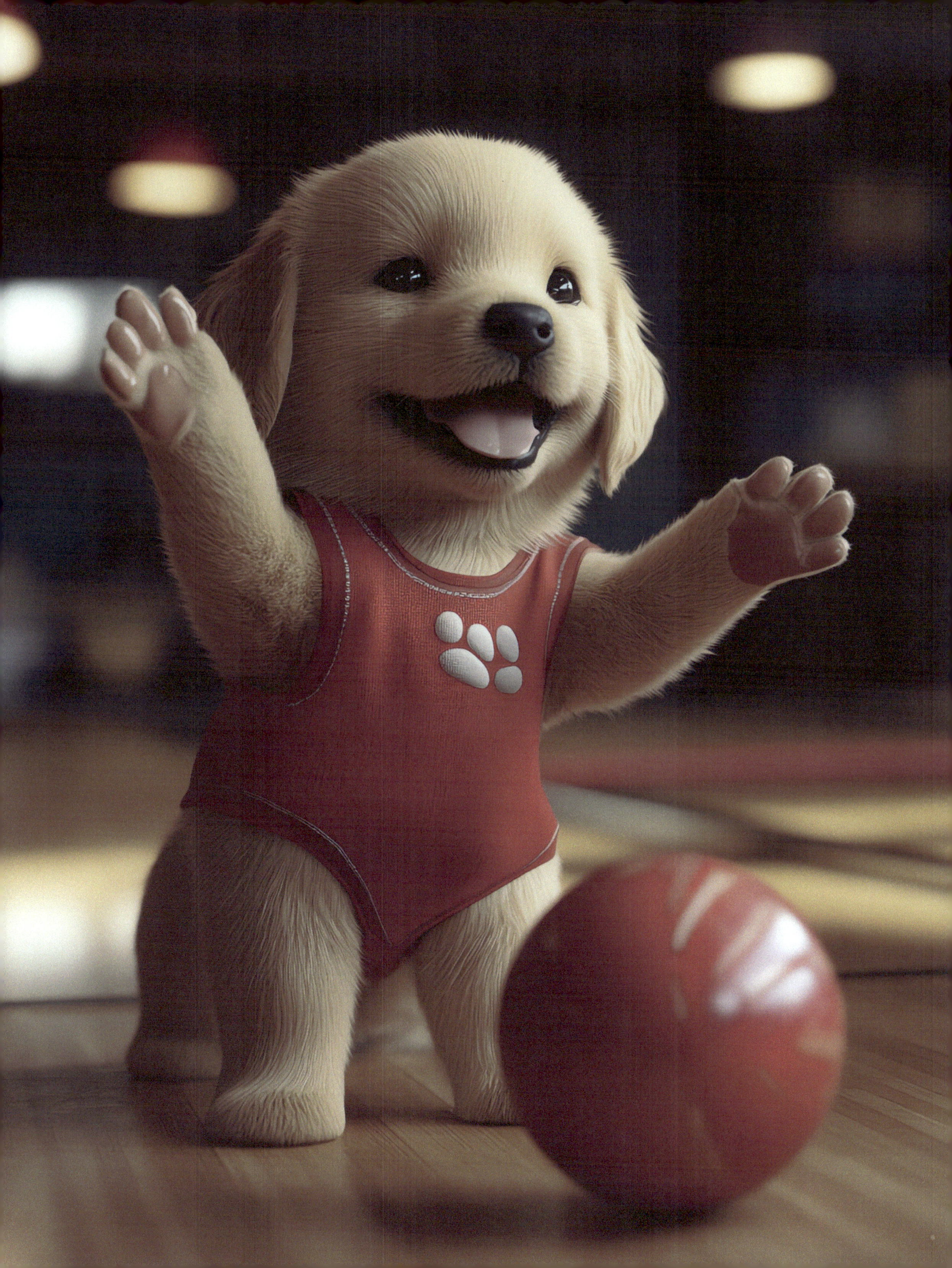

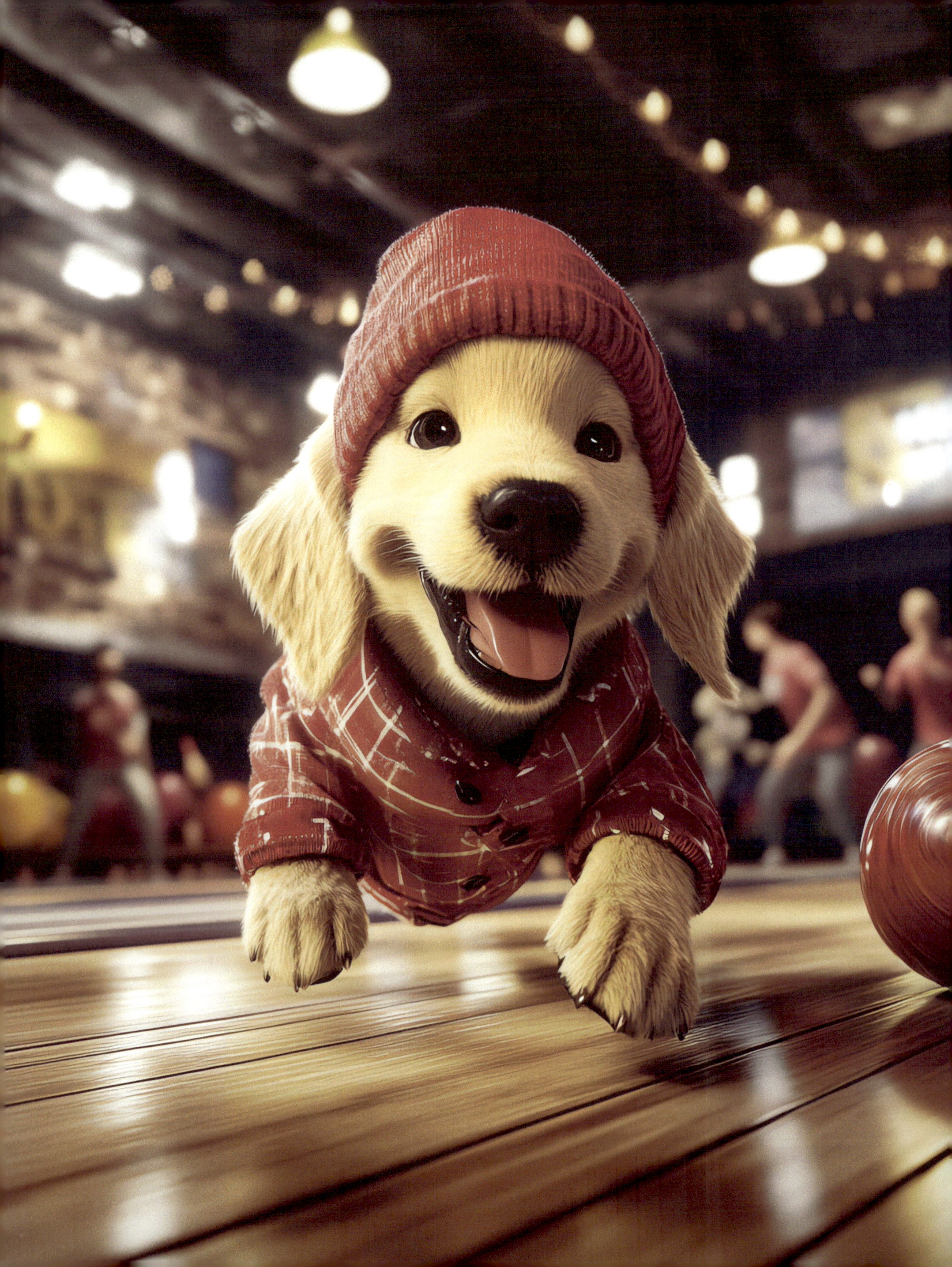

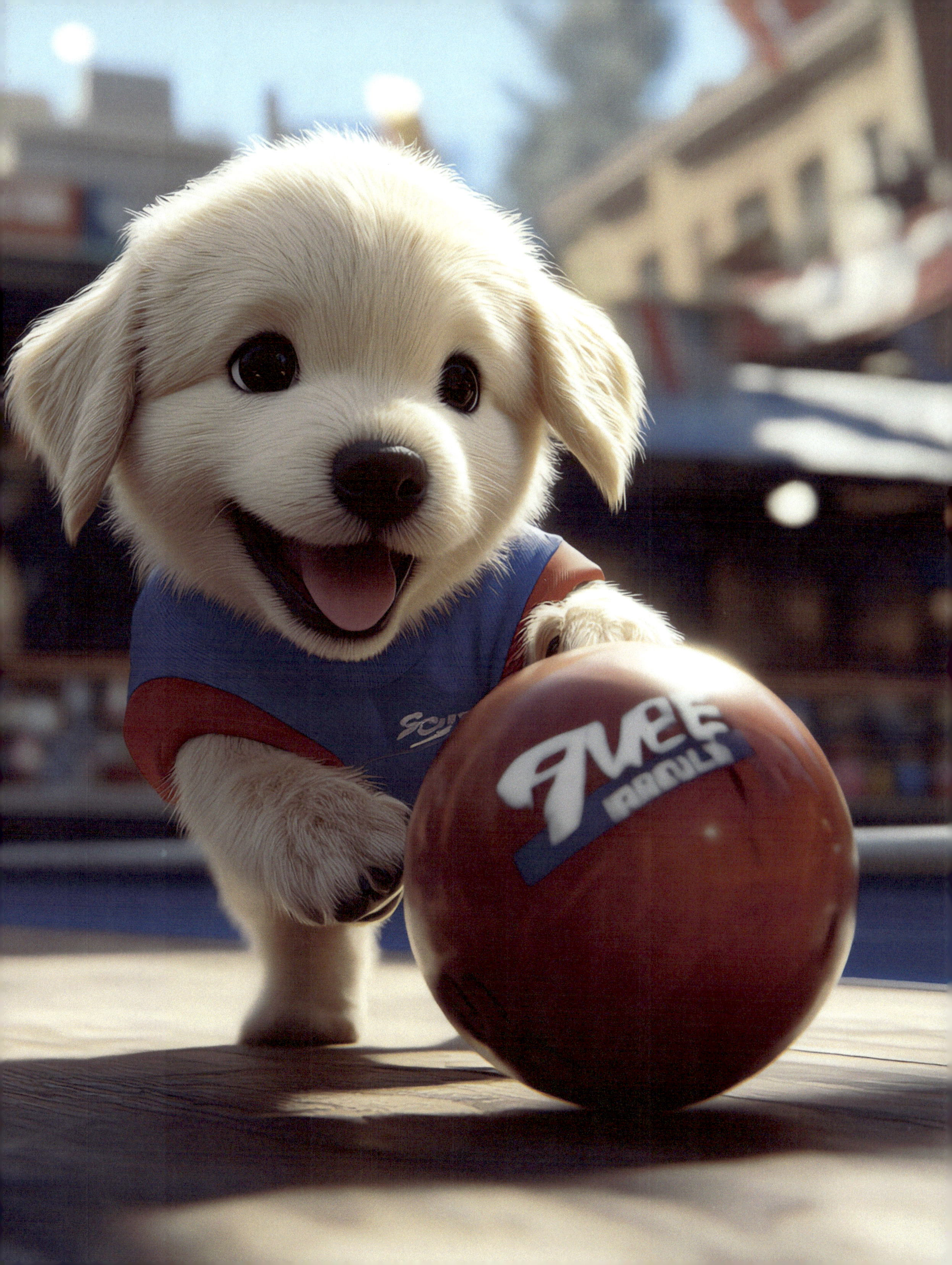
fves

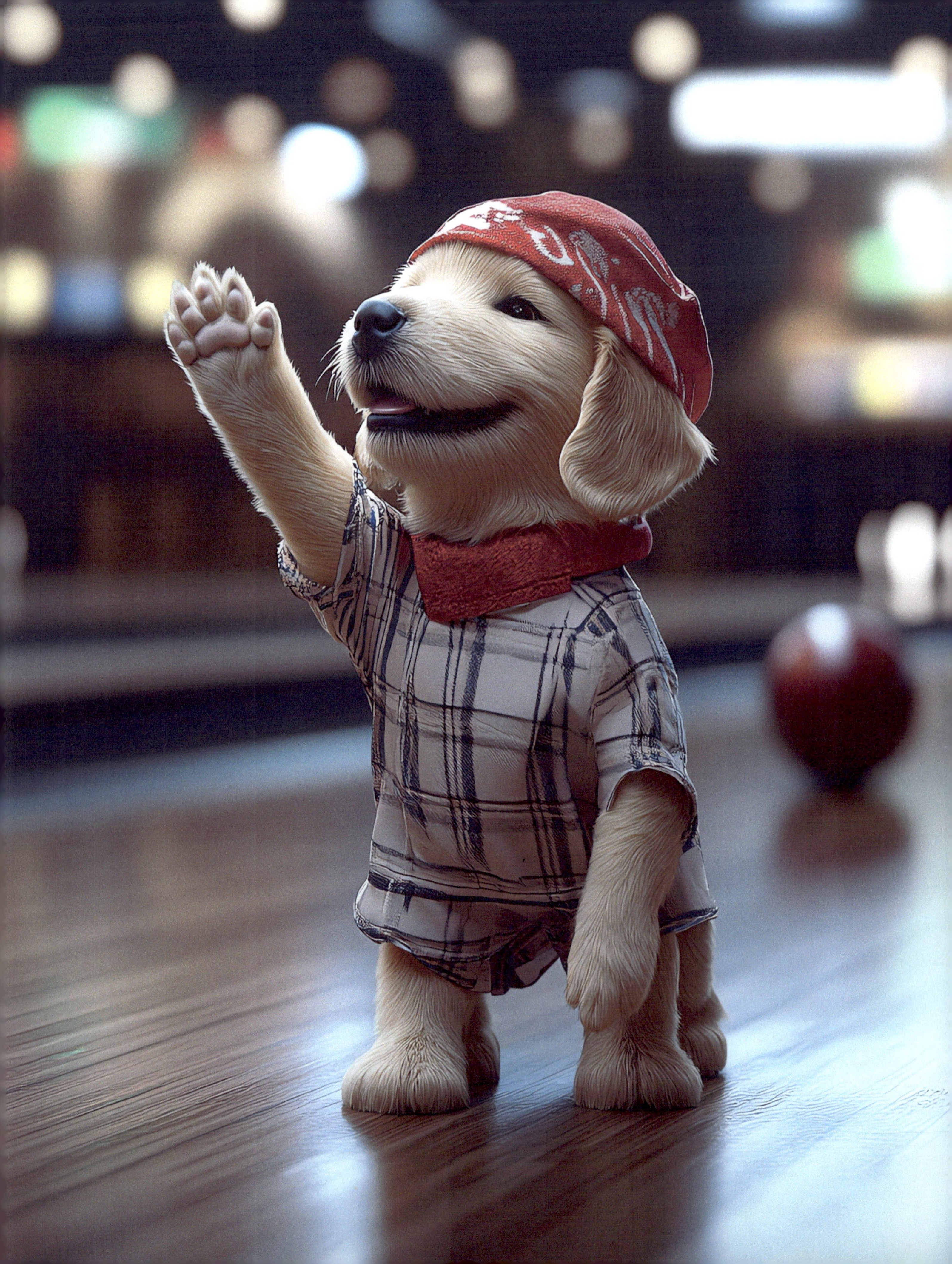

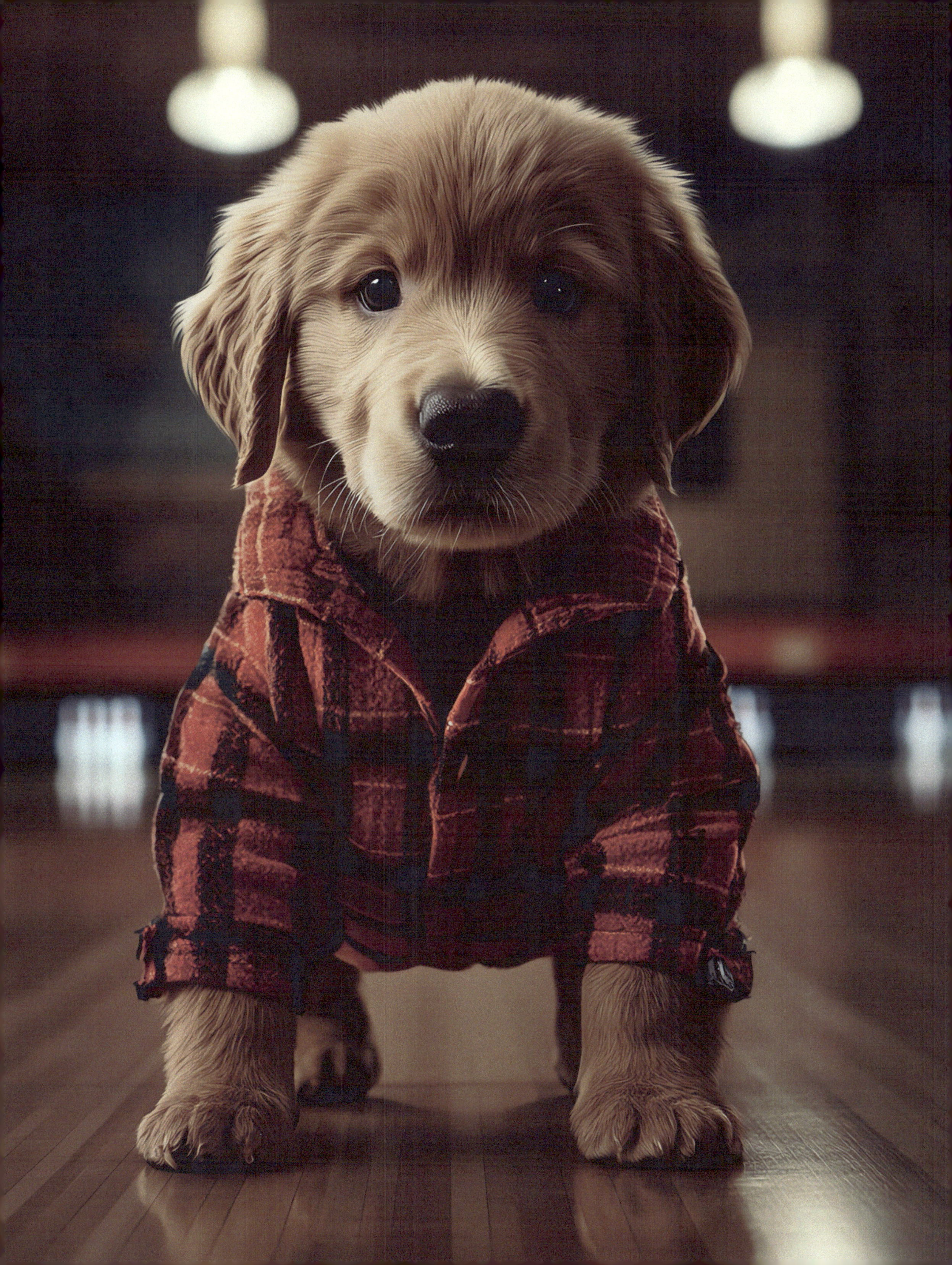

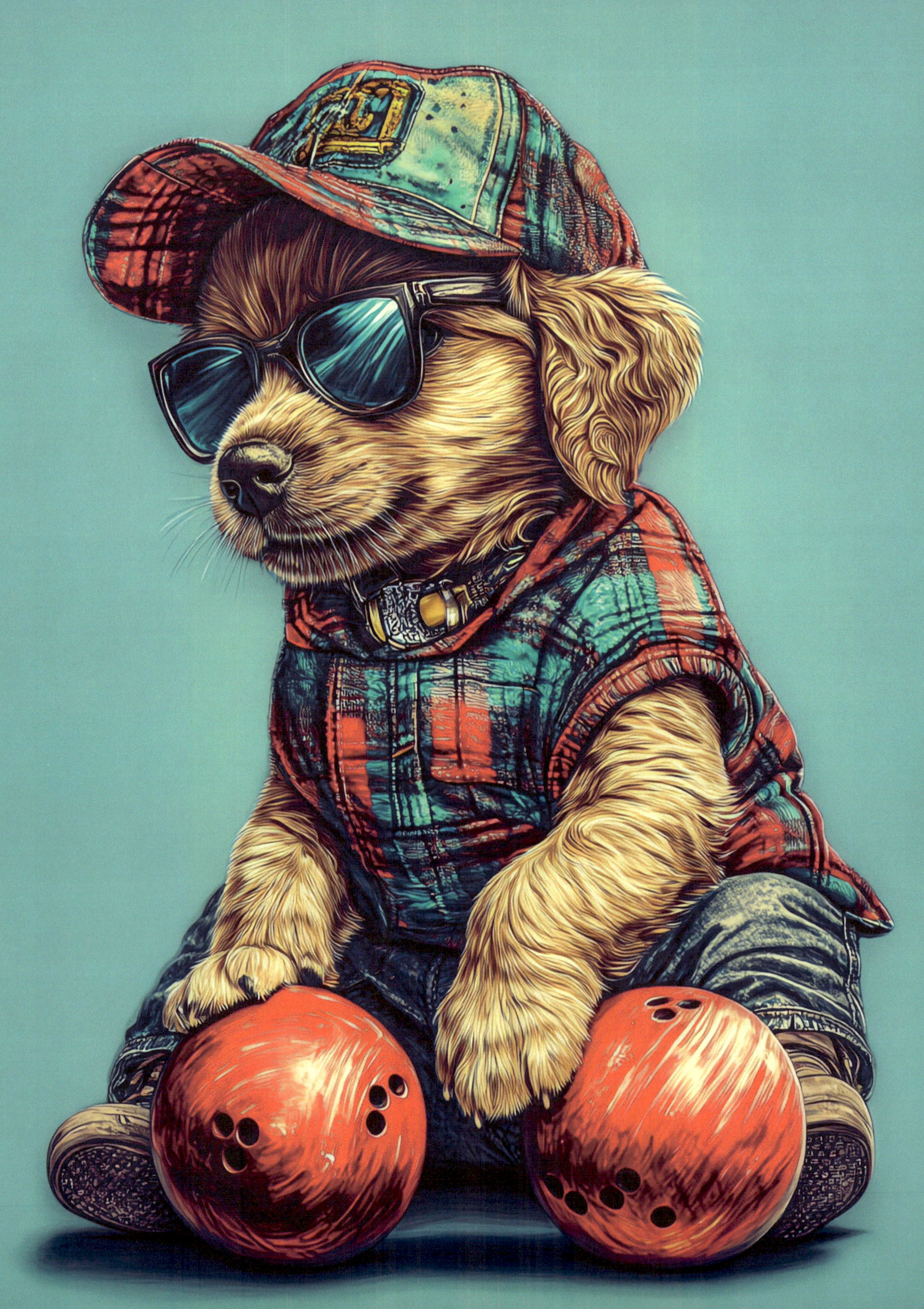

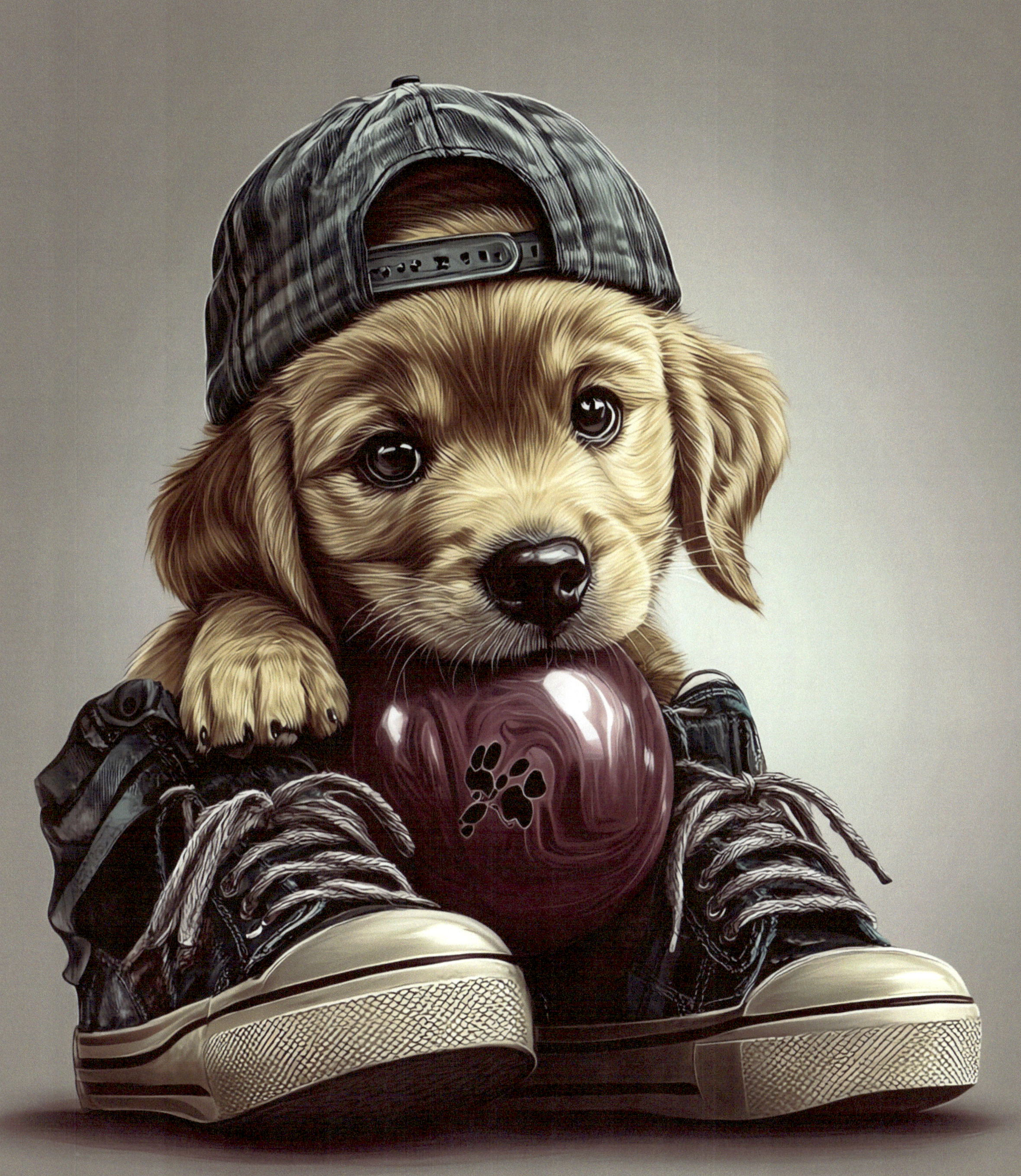

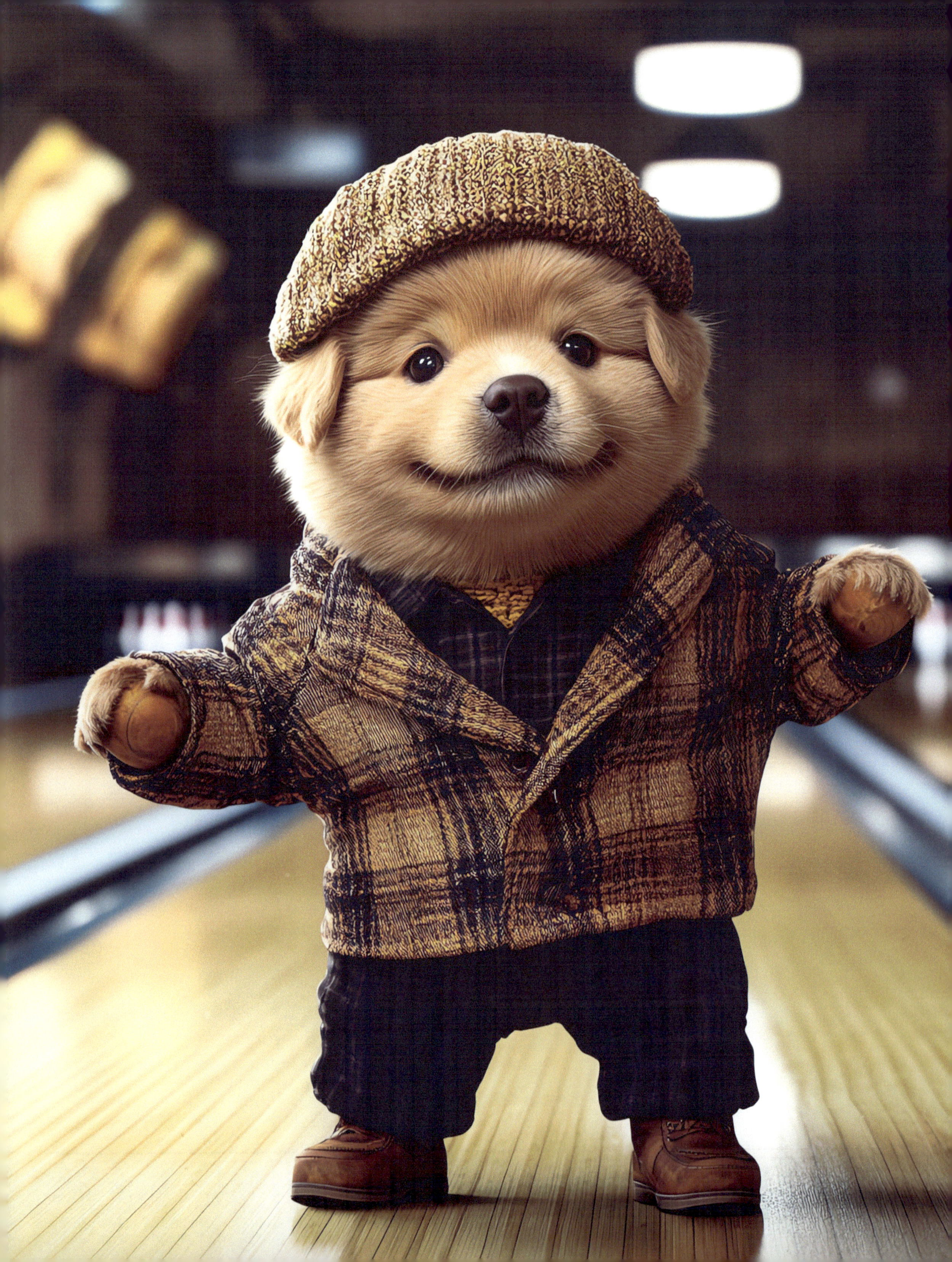

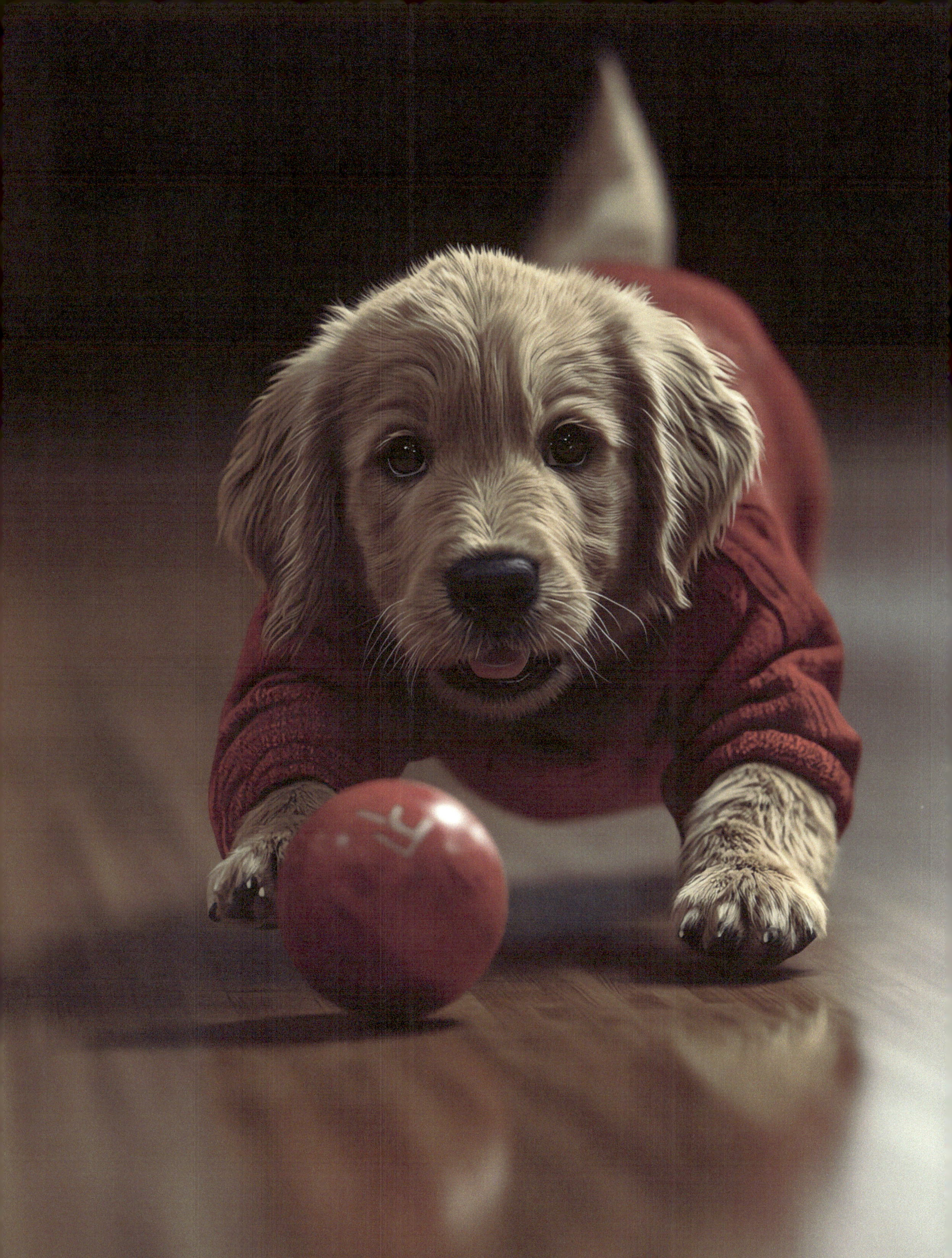

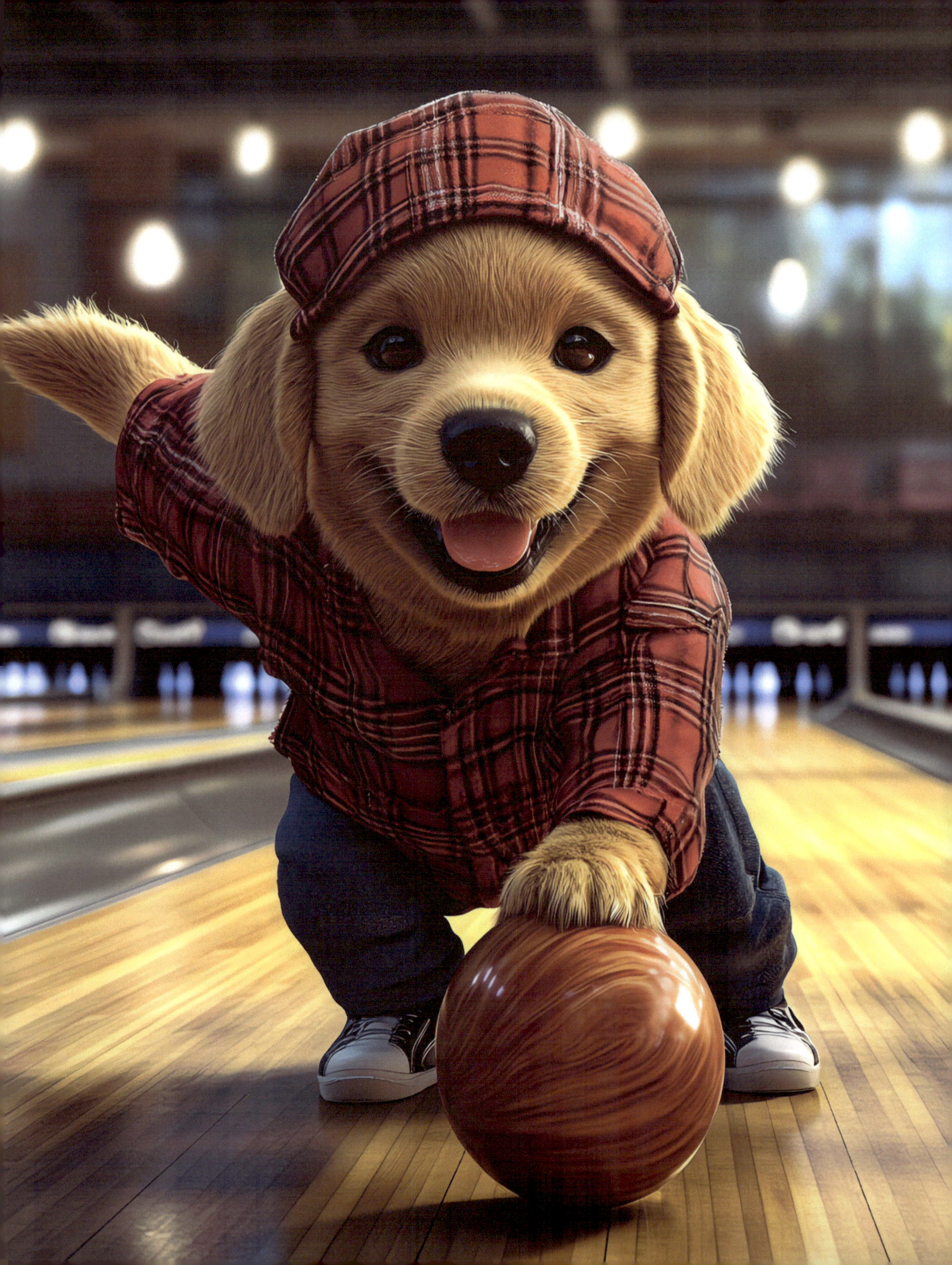

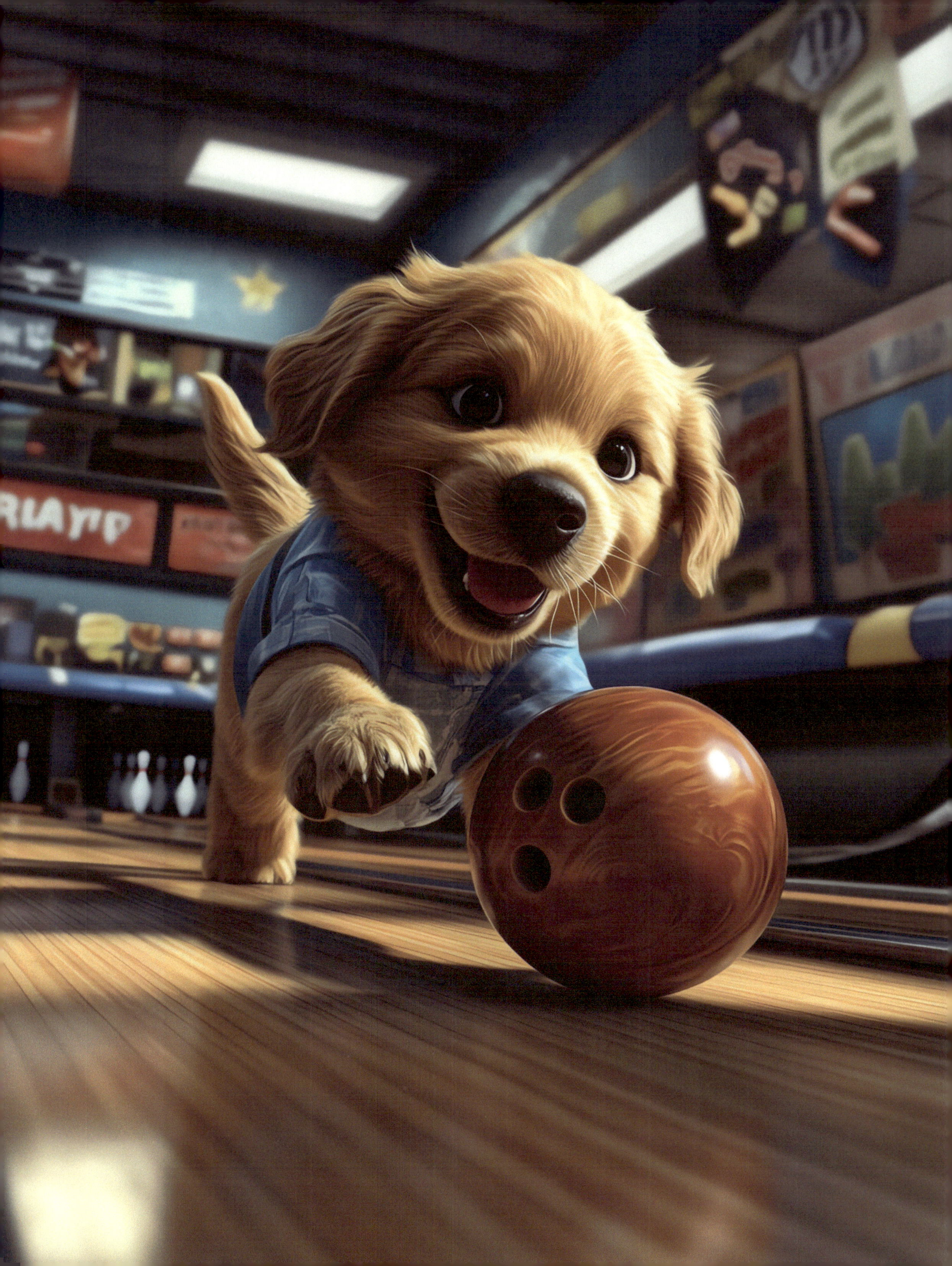

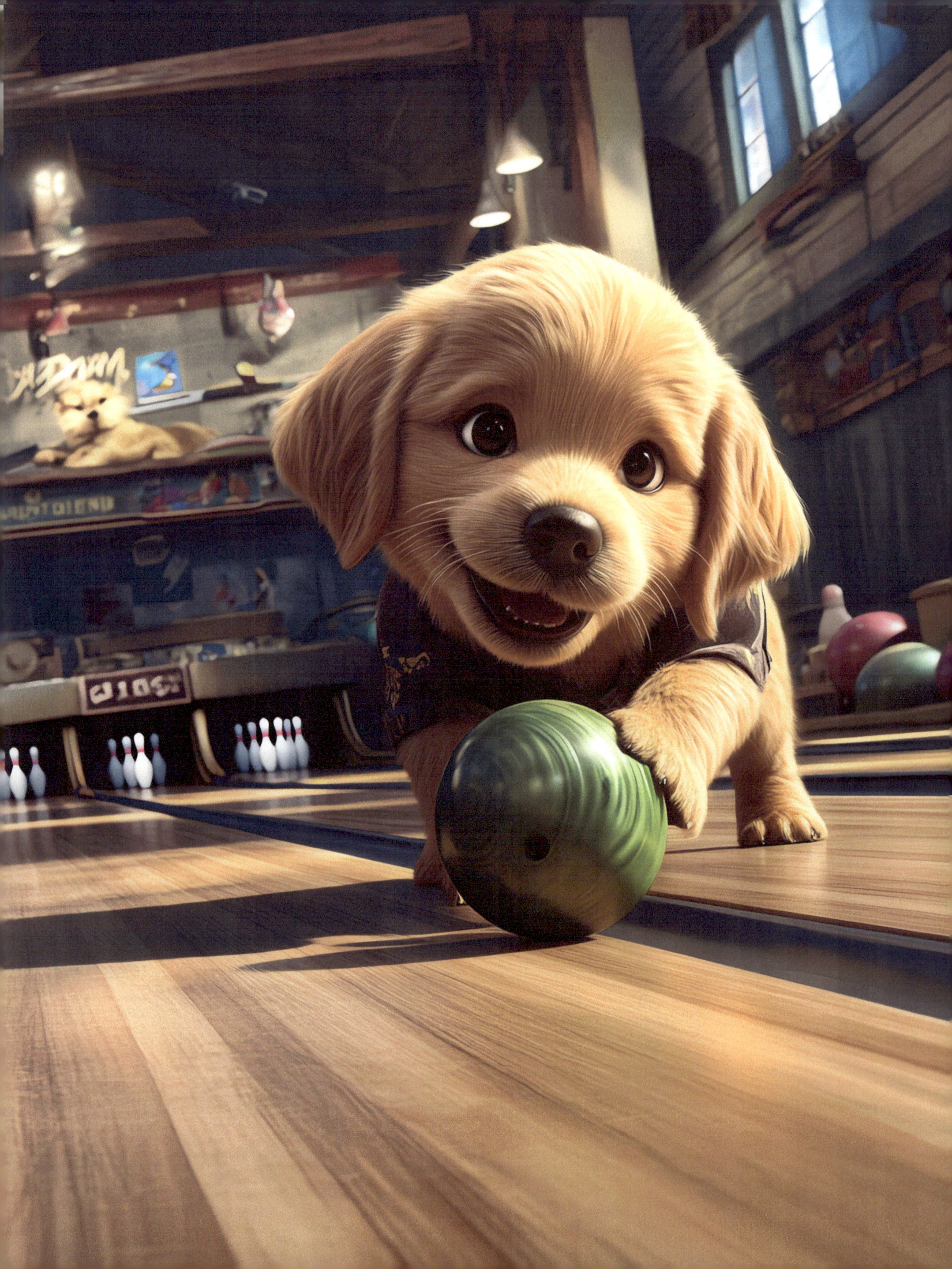

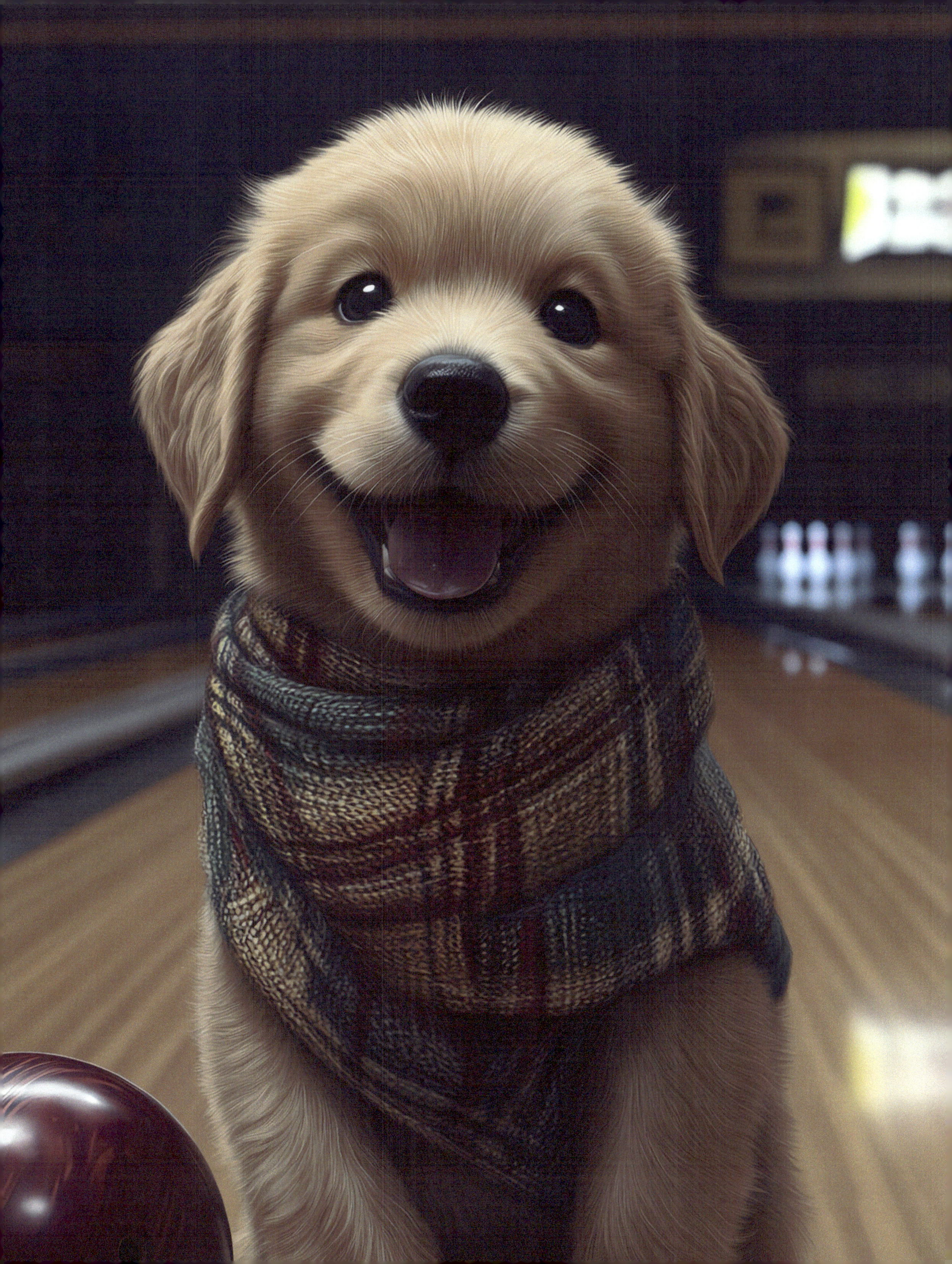

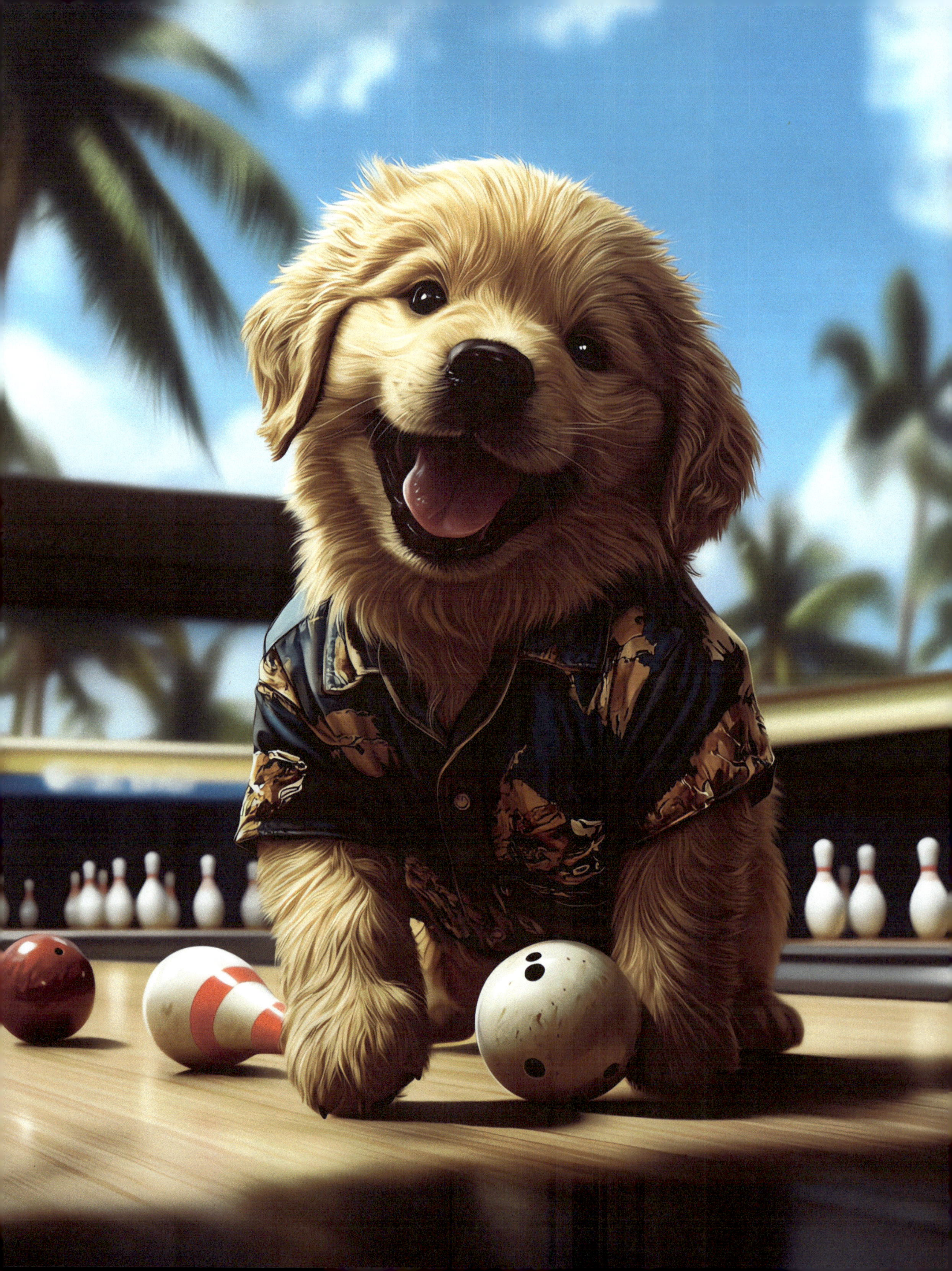

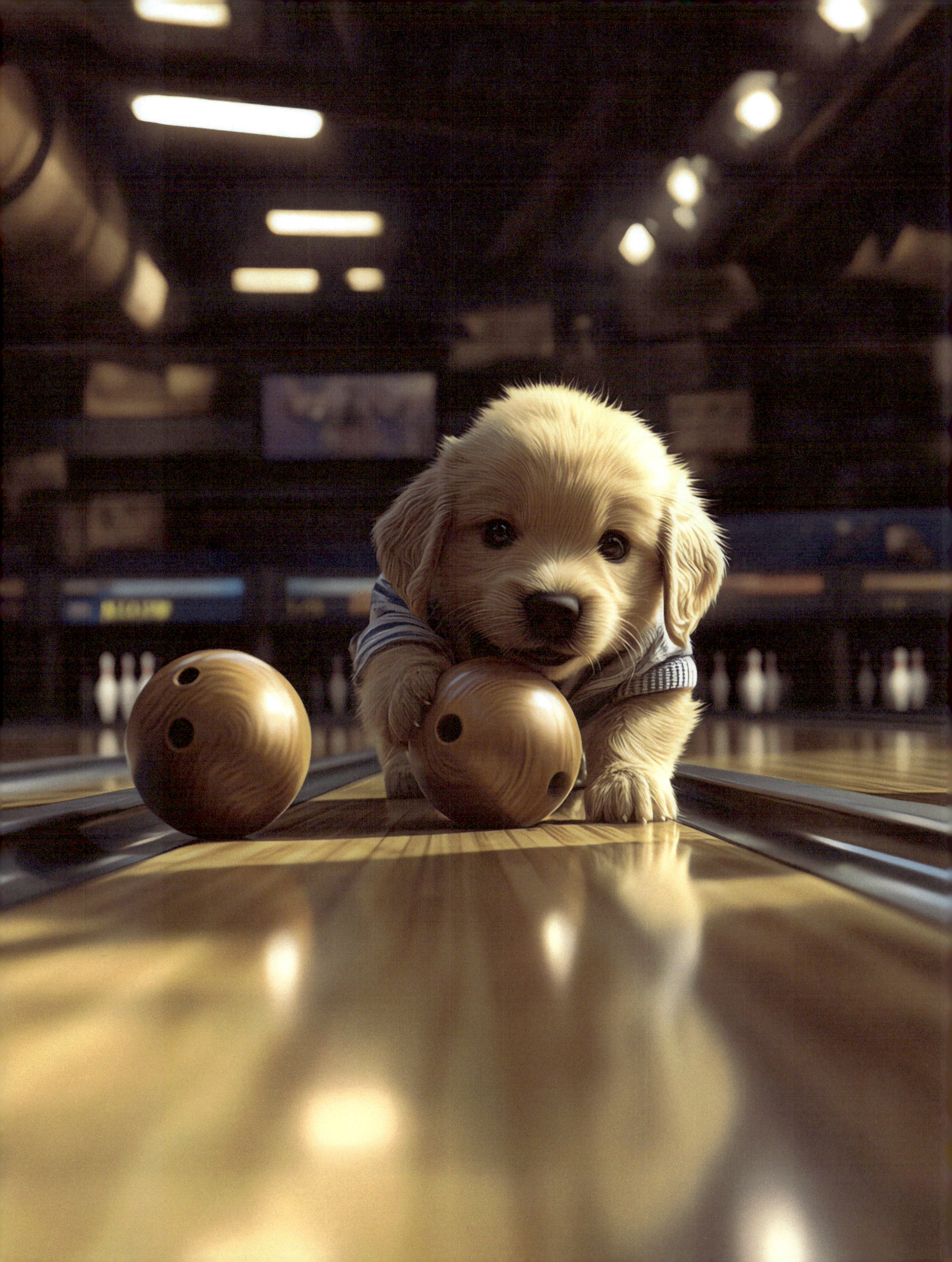

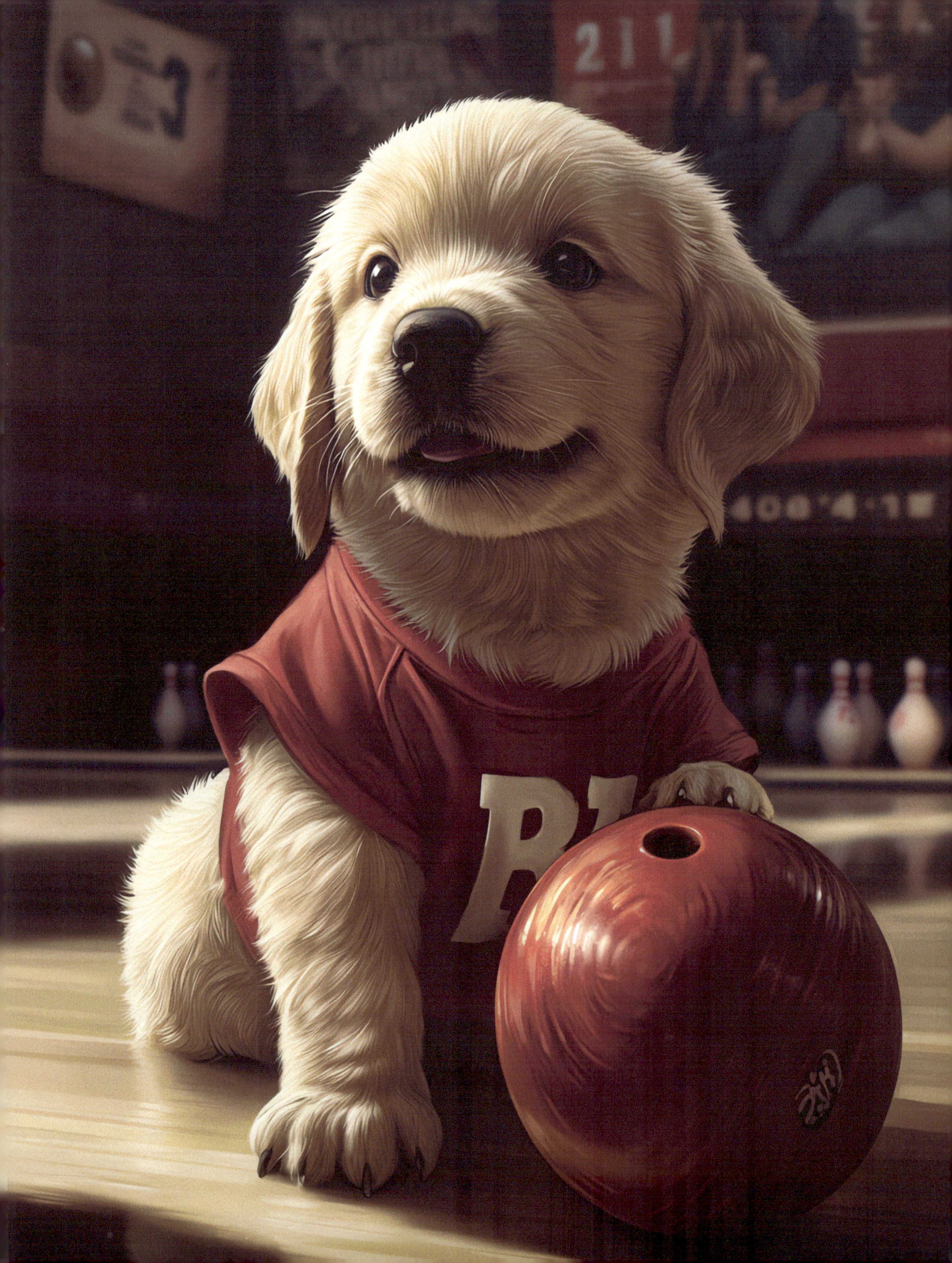

3
2 1
B

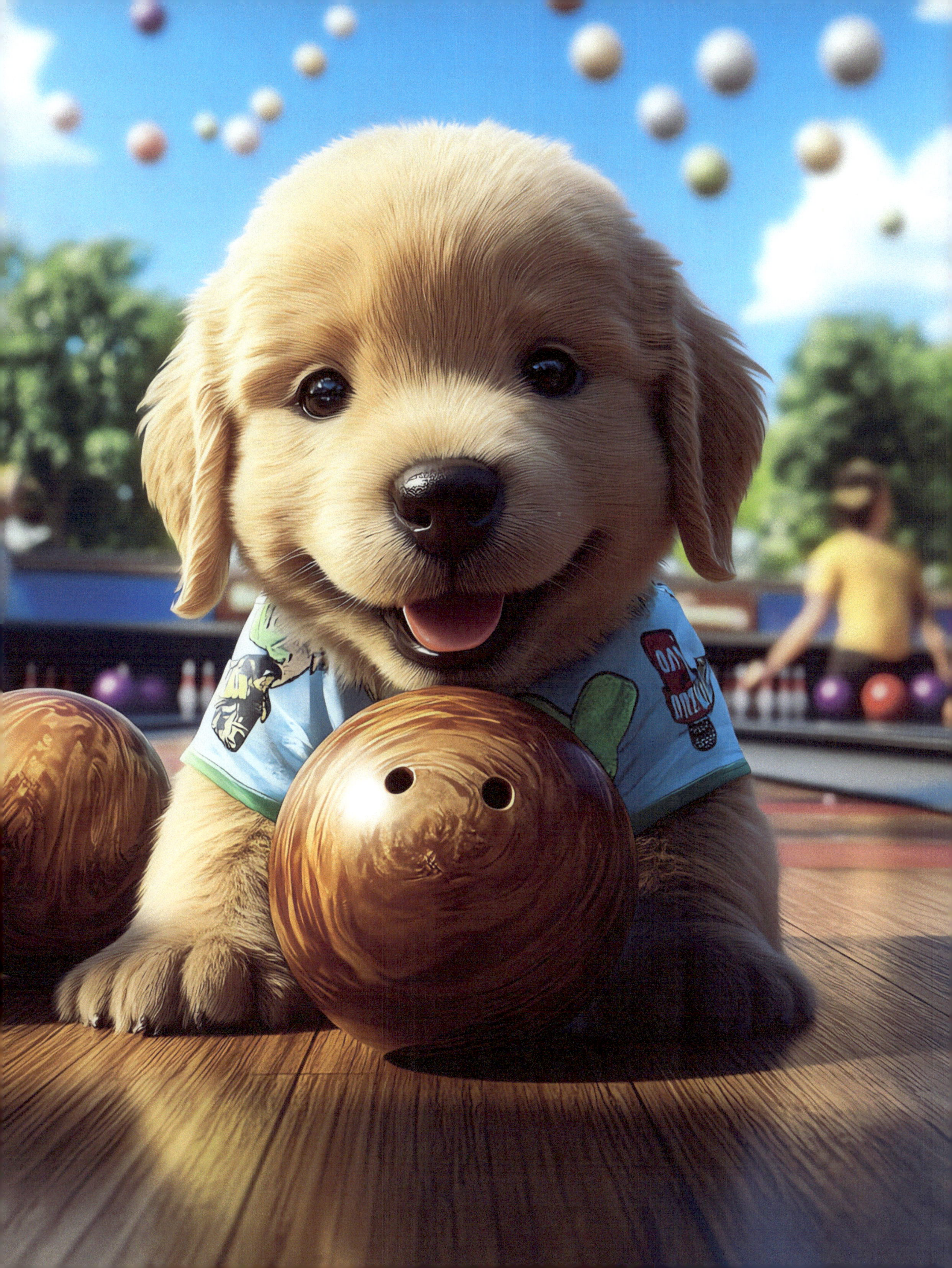

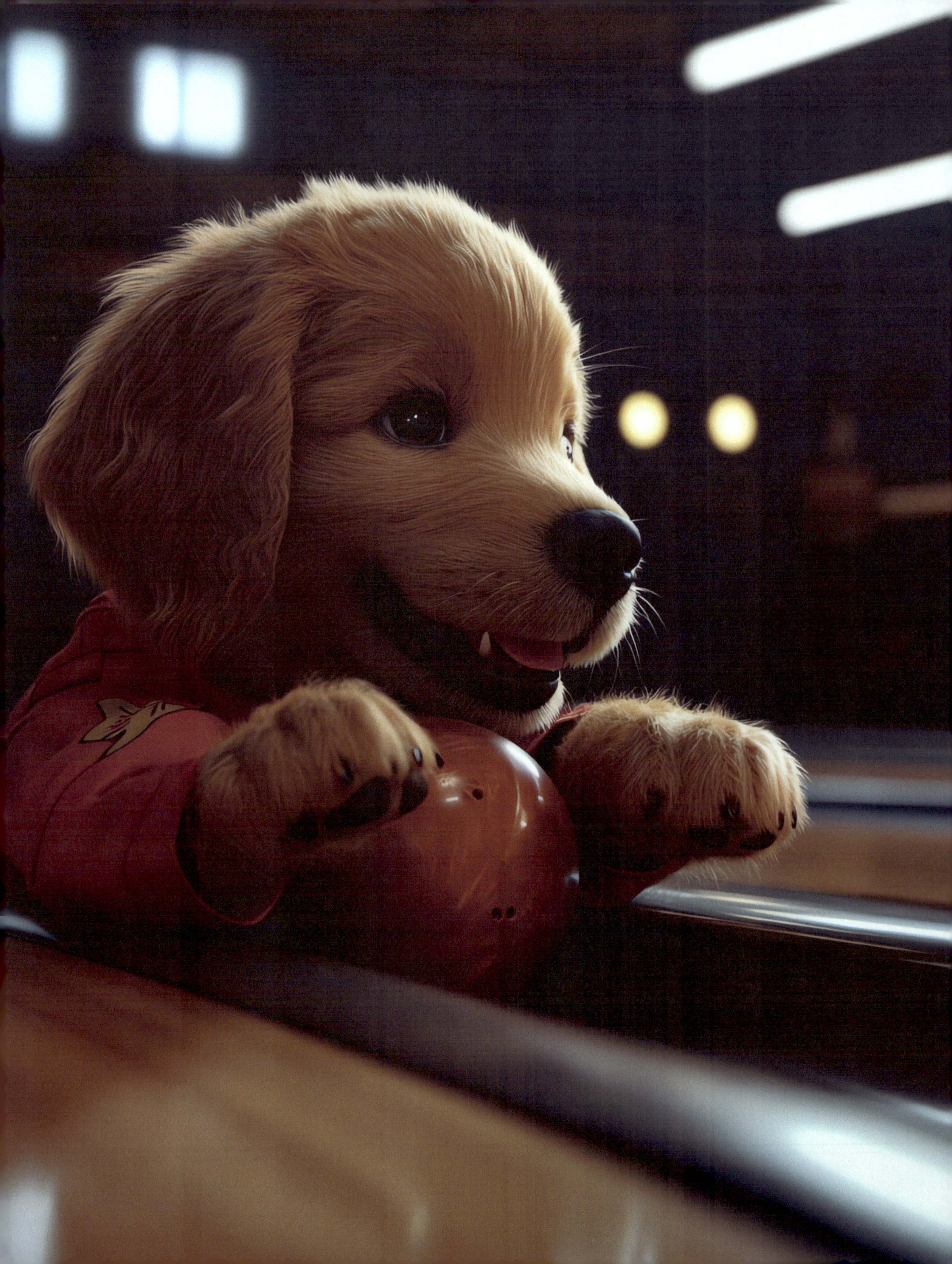

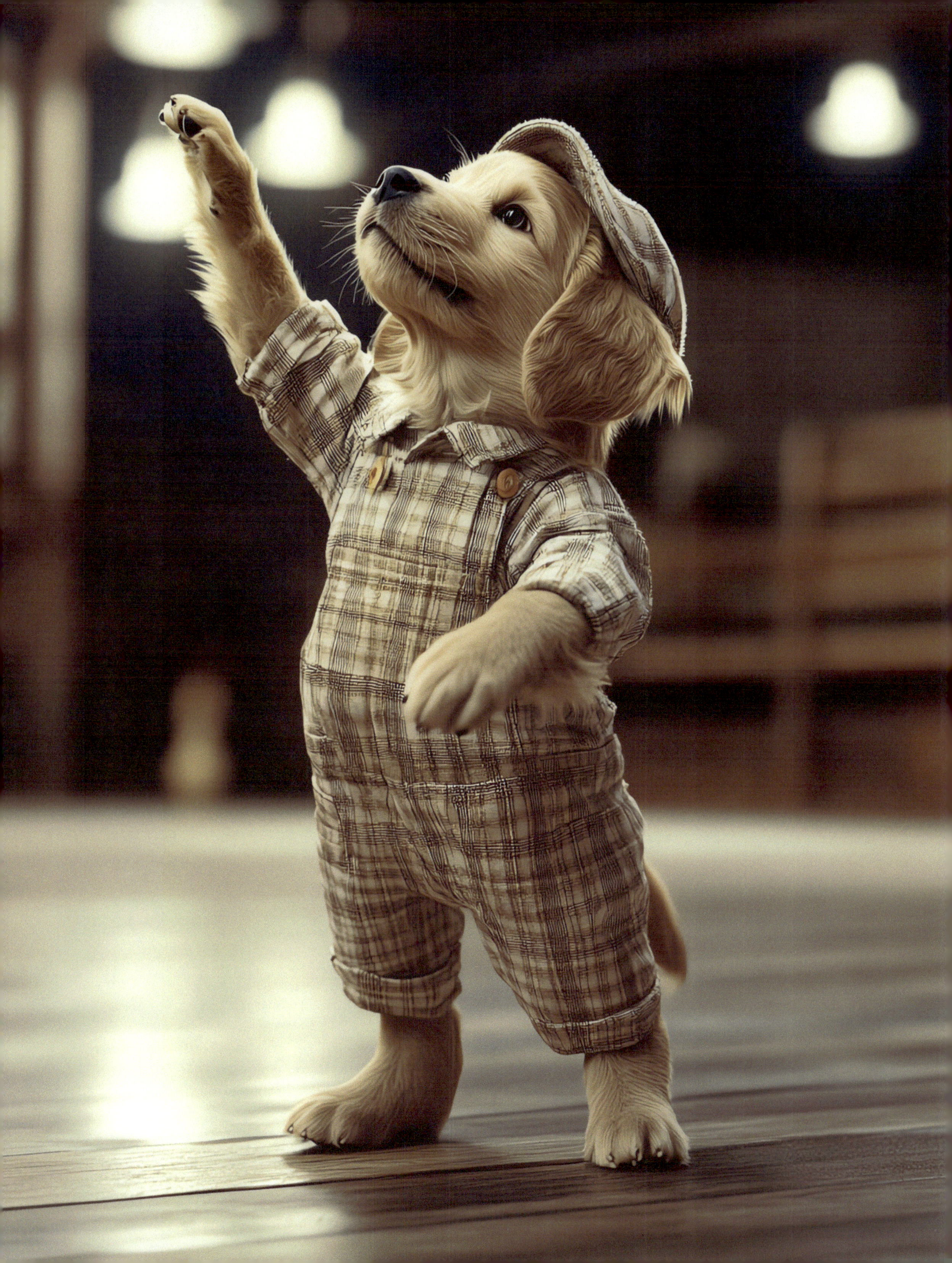

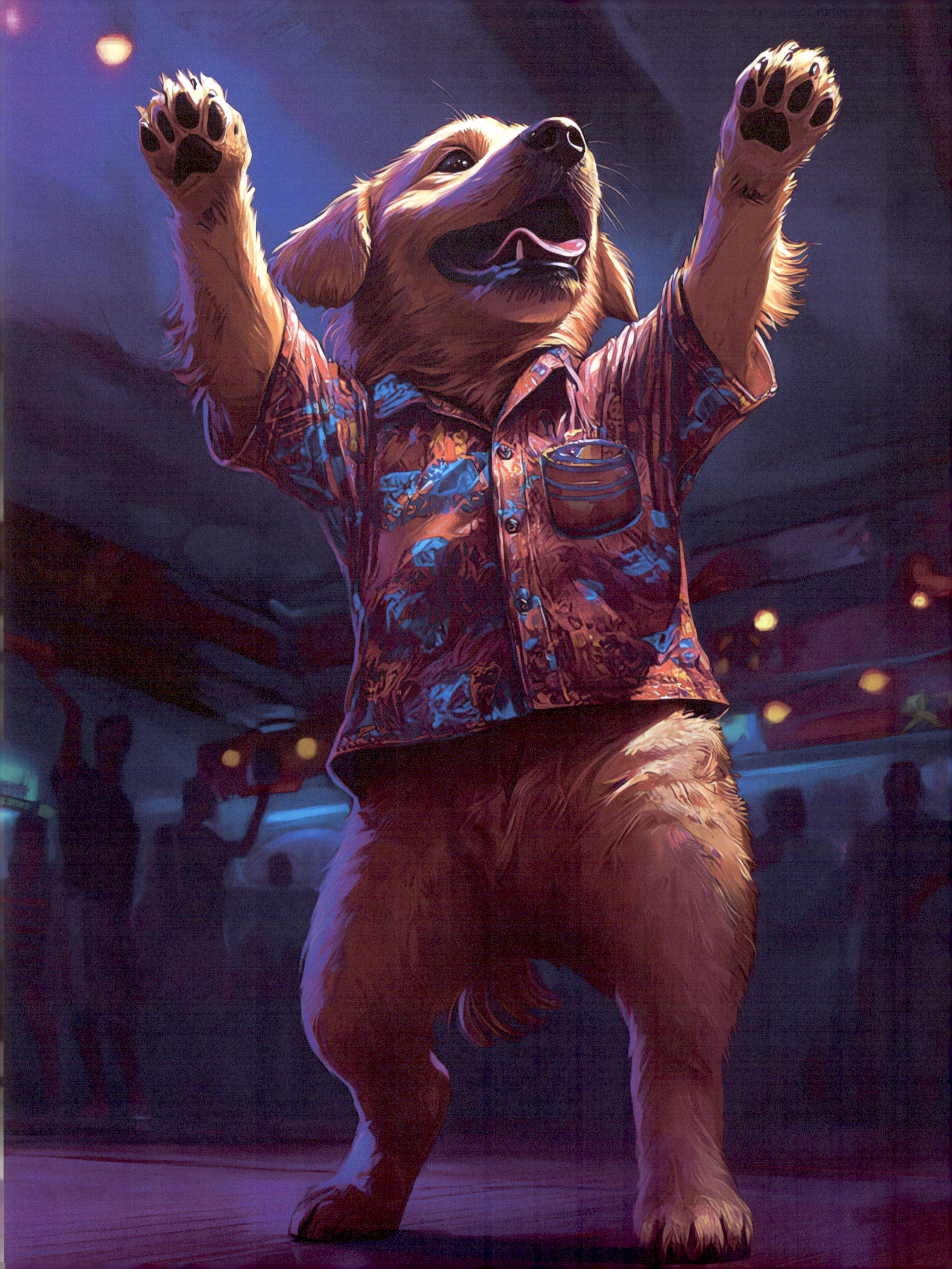

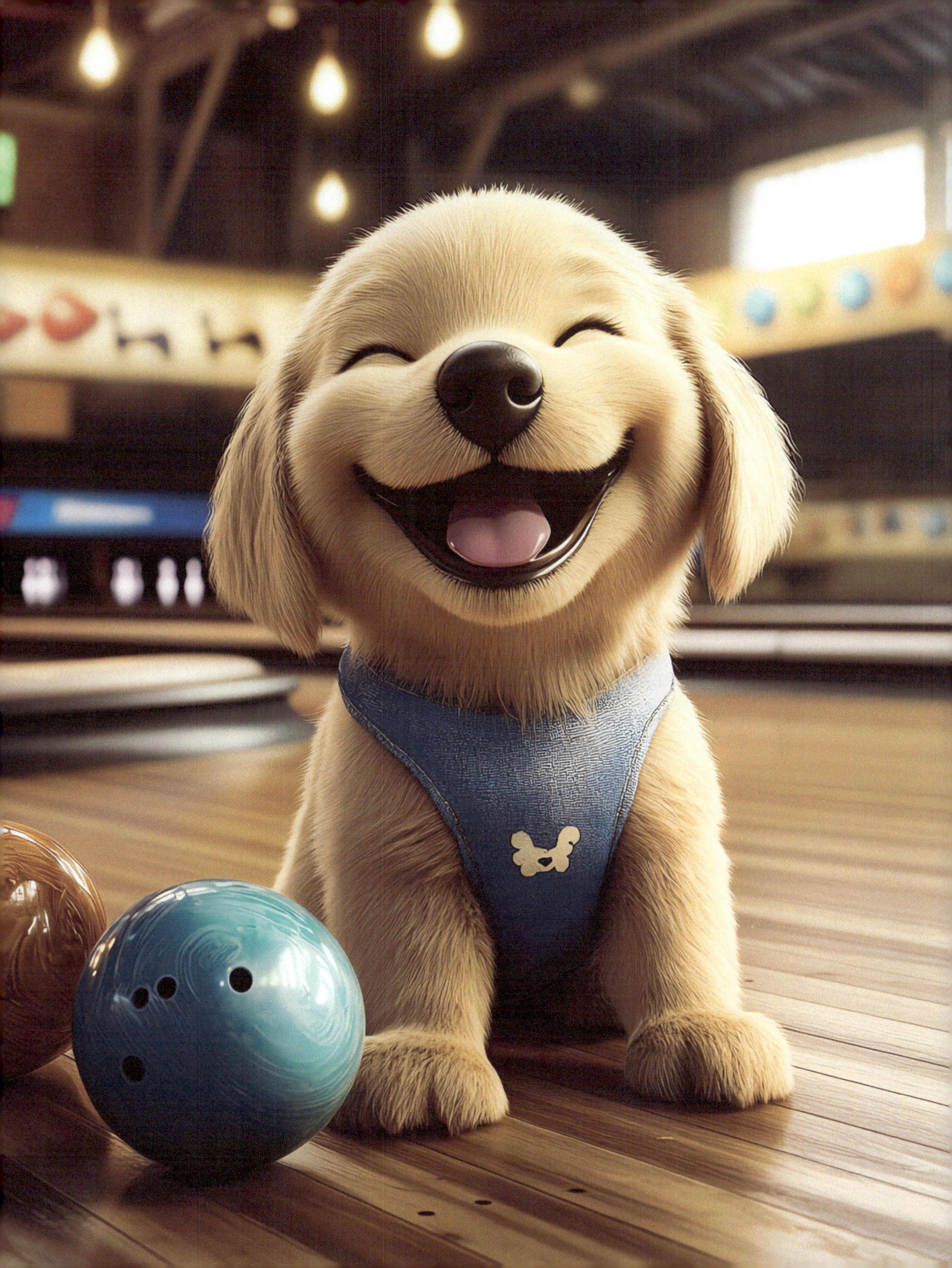

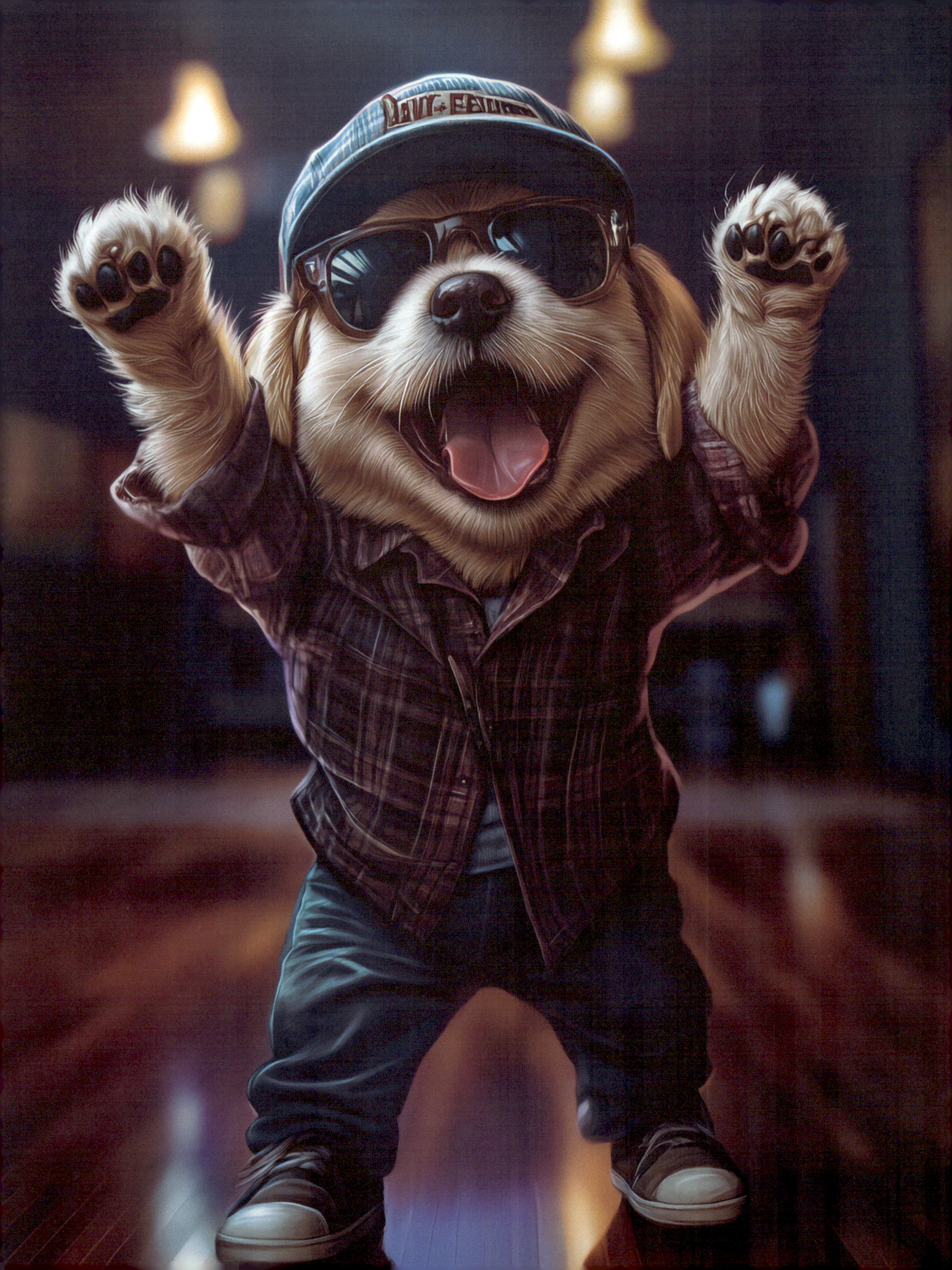